【靈仙宗法門】
靈修的真實義
妙心師父、妙德老師 著

妙心師父序

妙心師父自幼即接觸道教乩童辦事，更是在宮廟長大的孩子，發現乩童與靈乩境界的差異性很大，確實覺得祂們都很神奇，但是都太深奧而難以理解，為了想要增長「智慧」，而進入「道聖門」一門深入專心學修，專研道家經典與修煉仙道氣功。

進入「道聖門」學修道家經典與功法解釋，必須經過正式歸依入門的拜師學道，才能真止達到精進與驗證的效果。當初的學修時程是經過學道三年，禪宗修行三年，靈修證悟三年，以更深入靈修體驗與研究。

深入法界實相專研二年，親身體驗法界的玄妙與無相實相之印證，正式傳道、授業、解惑四年。在部落格編寫「道學、靈修、禪修、修煉」相關文章也已歷經八年。過程中必須要有恆心毅力，以及堅強的道心，供養道場、經典、明師，也還是必經的過程。

對正道法門完全相信，心中默默發願「不達目標誓不終止」，放下所有世間人情事故，一心向道勤學苦煉，所有的過程中，時常接受各方面的否定、批評、指責，但是妙心師父只能以「反省、懺悔、改過」的心境，自我強迫式的執行心願，才能階段性的「潛能開發」。

過程中發現各種靈修亂象叢生，每位先進、前輩都有其優缺點，需要發揚與修正，但是都因為侷限於「我執、法執」，無法歸依正道法門修正自己，自創門派、自以為是的誤導眾生，甚至因為完全相信無形師的神通顯化，誤入阿修羅道而不知真相，所以這十幾年來為了扭轉靈修亂象，專研儒、釋、道經典，深入網路傳道，引渡迷途修士自修自渡。

「學修有成」必須先歸依明師法脈傳承，身體力行，研究、實驗、證明、參悟，就有如大學畢業，必須進入研究所實習、研究、開發、發明的階段，所以夫妻同修前往仙山協靈宮正式拜九天道姆為師。

感恩仙師 九天道姆灌頂加持授記，從此時常舟車勞頓前往協靈宮學修，把仙道、禪宗融入靈學領域，虛心求教體驗靈學的奧妙，無形法術深奧難懂，親身體驗真實不虛，太極法界虛中有實、實中有虛，皇極法界虛實分明、佛魔一念，無極法界真空妙有、一真法界。

何謂先天一炁？

伏羲氏創造先天八卦，周文王創造後天八卦，後天八卦離卦中間虛靈，坎卦中間一陽真炁，先天一炁稱為：先天種子、舍利子、玄關一竅、龍珠、靈珠、靈丹妙藥、仙丹、內丹、金丹大道，只修靈性不修靈命，此是修行第一病，只修祖性不修內丹，萬劫陰靈難入聖……「只因未得明師點玄竅」……

禪修、禪定、參禪所參悟之意境，就是這顆靈丹妙藥，靈炁合一後天八卦逆剋返回先天八卦，萬緣放下證悟真人之境界。

鳳凰山脈　慈凰宮主神　準提佛母　玄靈高上帝。妙心師父（宮主）承接——南海觀世音菩薩授予天筆使命，今生使命是代天宣化、替天行道、扶佐妙德老師（住持）之金鋼護法，法傳仙宗仙道氣功、禪宗印心禪法、靈修萬法歸宗。無形師：南海觀世音菩薩、文衡聖帝、道德天尊、濟公活佛、降龍羅漢、玄梵法師、九天道姆、太陽神君、玄天上帝、八卦祖師。

辦事主旨：查靈源靈脈、三世因果、主神、靈主、靈母、主母、累世有緣指導靈、無形師、共修靈、朝代靈、因果清算、協調化解冤親債主、奇特夢境解答……等。

承接　昊天天帝與　玄靈高上帝玉旨、玉皇上帝玉旨、天旨地令，王母娘娘懿旨，準提佛母佛旨，元始天尊法旨，靈寶天尊靈山旨，道德天尊道旨，三曹普渡旨令，王母娘娘復古收圓令，南海觀世音菩薩慈航引渡令，千手千眼觀世音菩薩法輪清源令、陰陽引渡令，地藏王菩薩化冤除障令。

軒轅黃帝恩賜昭賢杏黃旗，玄靈高上帝恩賜青龍招仙旗、九龍龍首印，東獄大帝恩賜申訴令，城隍爺恩賜城隍印，南北星君恩賜生死簿，包府千歲恩賜因果還原簿。

今生使命必須完成南海觀世音菩薩、九天道姆、神武天皇、玄靈高上帝、白衣大士的重責大任：「復古收圓，靈脈歸源、夫妻雙修、佛道雙修、性命雙修、禪密圓滿、傳道解惑、萬法歸宗、三世一世修、三佛一世修。」

【妙心法語】

各司其職、各行其道、
各歸靈脈、各應天命。
復古收圓、靈脈歸源、
法傳引渡、順應天意。
萬法歸一、萬教歸宗、
一真法界、真空妙有。

妙德老師序

我們不是心理醫生，更不是法師，但卻是你內在心靈的導師，我們走過一條大多數人都不會選擇的道路——學修歸源之道，明理但不執理，相信大家都曾經遇到無解的難題。

而這難題是許多人都排斥，也更不想接觸的「靈界」。

你相信無形界的存在嗎？無神論者否定「神」的存在，認為那是迷信，無稽之談。

臺灣是塊靈山寶地，地潔人靈，四季分明，是個山靈水秀的好地方。能夠投生在蓬萊仙島，是幾世修來的福分。

你是否已經找到心靈的出口？為何常會莫名的感動、想哭、空洞，心靈常會莫名恐慌與無助，或是自發性啟靈，不知靈歸何處？

為何靈性會甦醒、為何總是我呢？何謂天命、何謂天職、我為何要來到人世間走一遭？到底我是誰？未生我時誰是我，生我之時我是誰，長大成人方是我，合眼矇矓又是誰？

許許多多的疑惑，在本書當中都有詳細的解說，瞭解二十一世紀的修行觀，為何需要靈修？

何謂靈逼體？什麼是因果總清算？為何要修靈？什麼是復古收圓？什麼是地魂？

在此，你我將開啟一個無形的心靈橋樑，身邊所有的雜事都暫時放下，好好的進行一趟心靈之旅吧！閱讀完本書過後，所有的一切疑惑，都能讓你豁然開朗。

要瞭解他人較容易，瞭解自我最為困難，加油吧！朋友們！至少你不會孤單，還有我們與你同伴，一起走向母根源頭的回歸之道！

【妙德老師心靈法語】

三界唯心萬法傳，虛空法界遍灑淋。
學修歸元無二路，佛魔一線乾坤定。
引迷入道法性開，修真之道頓悟該。
微妙法門聖道傳，靈修仙宗歸元臺。
覺醒靈子修靈啟，靈脈歸根塵埃定。
金線垂落引道機，認主歸宗法脈傳。

目錄

一 靈修的真實義

靈修最主要是針對心理層面和潛意識的調整，例如：靜坐、禪修、催眠療法、民俗療法、氣功療法……等，它是在調整潛意識及靈性的相互作用，靈修似乎看不到也摸不著；但它所帶來的效應，科學有時也很難印證解釋。

但依個人體會似乎感受得到，靈子對學修沒有正確的觀念，常以訛傳訛、以偏概全，對靈修形成負面印象，導致人們排斥，常謂靈修是迷信而視為畏途，更視靈修為邪魔歪道，亦將所有的問題及亂象，歸咎於靈修所造成。

這對靈修者來說不甚公平，起因皆是大眾對於靈修的誤解，對靈修、靈學認識不清所導致，常會以偏概全來解讀或輿論攻擊，唯有重新認識靈修，方能根本解決你靈性的疑惑與需求。

不知你是否真能瞭解自己的心性和靈性呢？學道修行唯有對靈性與靈學做深入的探討，才能幫助靈性與心性做相互協調。修行是修正自己的習性、脾氣、行為（毛病）和思想。

我們人類累世的習性行為，和思想的總和結果，即形成所謂的「秉性」，亦即是業體，其對人所產生的作用影響力，即統稱為「業力」。

真正的修行必須在日常生活當中，不斷地自我反省檢討與調整自己，修行即是改變，再真心的做「懺悔」：反省自身於日常生活中的行為和意念，以及缺失，「悔」是悔過後不再犯。

藉由研讀《心經》清楚瞭解自己，每時每刻的起心動念，發現欲望與內心當中的交互作用。加上大善知識，尋師訪道，虛心求教，謙卑受益，獲得正確學修解脫之道，努力學習調整與改變，朝向修出般若智慧的目標前進。

世人本自具足佛性「本心」，本然清淨，但受到欲望的驅使，而受三毒「貪、瞋、癡」的染濁，以至迷失本性而生生世世流浪生死，輪迴不息，不得出離，放不下心中的欲望奢求。

永不滿足地追求物質與精神的享受，更甚者有的還操控支配著他人的情感或行為，亦或玩弄神通掌控他人之靈性、靈識，但當這一切到達壽元將近時，你還能擁有什麼？

當你正在追逐更高品質的物質與精神享受時，貪婪的欲望將會無窮無盡，煩惱和痛苦立即相隨而生，在無明及業力現前時，就算你呼天喊地也無濟於事，須知，我們在最後臨命終之時，萬般帶不走，唯有業隨身啊！

在因果總清算過程中，累生累世所造之諸因果業力（有善業、有惡業、無記業），善業享受福報，惡業嘗受苦果，此乃因果業力循環，相續不斷，終在六道輪迴中輪轉不息。

唯有在業力尚未現前時認清人生的目的及實相，發願了願，行功立德，積累功德，以慈悲大愛造福群生，償還業債，令本靈清淨，脫離六道輪迴，回歸母源，這即是修行的目的。

學道修行若欲脫離三界六道輪迴之束縛，必須真心誠意地來做「懺悔」，真誠做自我反省與改過遷善，立願永不再犯，並且行善積德，行功立德，積累功果，解冤釋結，消除業障。

我們透過反省的動作，檢視自己以往及過去生、今世的所作所為，以及種種壞的起心動念——「惡意念」。

「懺」了解過去所做不善舉的行為，「悔」知錯將不再造作，實心悔過。

「透過懺悔改過，用心行善積德，積累功德，祈請神佛菩薩做主，與冤親債主溝通協調，將未知或已知的定業，轉成不定業，暫時將業力撥開，達到解冤釋結，以行功立德之功德，消弭累世因果業障，償還累世的宿業。」

所謂靈修，即是靈性、靈能、靈光的調整修行。而身心靈是構成人體的三要件，人的身體是由四大假合（地、水、火、風）所構成，意識思維及行為模式的造作，所產生出來的反應、分別、對待，其總體即為——心體。

身體內的自性本靈，及潛在靈能靈光「佛性、真如」即為靈性。靈修，即是觸摸自己不可知的靈性、靈魂世界，透過媒介進入潛意識及穿梭時空，了解自己的前世今生……。

靈存在的方式及輪迴轉世的歷程，進而探究累世與情人、同修、親人、好友的因果關係。靈修過程可以透過修煉來解放累世宿命的束縛，經過持續的鍛鍊——煉炁，幫助靈性得以昇華。

從自我的覺醒「靈性甦醒↓啟靈」後，了解人生的真相和目的，藉助善因緣累積福德，引導眾生學修，種植福田累積自己的善根，散播慈悲福慧功德力，淨化宿世業力對自我之束縛。

尋找返回自性靈體的根源，使靈性回歸清淨之自在本源，幫助自己早日解脫生死煩惱，並脫離三界六道輪迴，令自己的靈性本體「圓融清淨明覺」，以回歸無極清淨母源。

二 何謂通靈、何謂靈療

在一般傳統的靈療裡，我們最常見到的就是一些道士，或道姑拍打著你的身體或頭部，然後燃著一把香、幾張金紙，在你面前或背後比劃幾下，最後畫幾張符咒，要你回去化符加水，淨身或飲下。

這在臺灣許多鄉間的宮、廟、堂到處可見，尤其在我們小時候，常常生病時，媽媽或祖母就帶著我們去「收驚」，收完驚後通常病就好了，這就是靈療，當然還有另一種靈療，就是氣功靈療！

分享妙德老師為妙心師父靈療的經驗：妙心師父在二〇一四年五月，經過長達三十天的「天劫」閉關，當時身上的金剛護體暫時停止功能，每天受到無形界遊魂的干擾及入侵，經過師尊九天道姆的指導下，妙德老師先行將外靈收伏送走，再以混元真炁幫妙心師父做靈療！

通常這些靈療師本身都不是醫生，也不會開藥方給你，他們並不負責醫治你的身體，而他們所處理的其實就是你的靈體。

許多具有此能力的人確實可以帶來神奇的效果，因此，吸引很多信眾前來讓他們醫治，當然也有不少人士藉此斂財騙色，但這是天界所不能容許的，須知，未善盡天職又知法犯法，斂財騙色不只承擔對方的因果業障，而且還會罪加一等！

另一種方式就是一般的通靈者，有一些人先天就具備此一能力，他們能看到、聽到或感知到無形界的靈體，並與祂們互相溝通，有的則是一些靈體通過那人的肉體去傳達某些資訊；有一些通靈者是一看到你、或碰觸到你，他們會立刻向你說出你曾經發生過的一些事件，以及你現在遇到的問題，或提早預知你可能會發生的狀況。而遇到這種能力的人通常都會很驚訝，想說他們並不認識你，為什麼你心中所想的事，以及你遭遇的狀況都被說中了。

到底是誰告訴他的，怎麼會那麼神準。因此，你不得不佩服他們的能力，於是開始請教這些通靈者、靈媒，你該怎麼辦？如果遇到正派的通靈者、靈媒，他們會給你一些啟示、建議或者解決方法；萬一遇到心術不正的通靈者，那麼極有可能帶給你的就是一個陷阱了。

無論如何，我們要表達的是，在我們傳統印象中的靈療，或通靈就是這樣充滿了神祕，同時也會有一些負面的印象。其實我們不妨用更科學的角度來看待這些事。

在這物質宇宙中，能夠讓我們看到、摸到的都是物質，而那些非物質的存在體，自然我們無法看到或接觸到，然而現在的科學及物理學家們都已經證實，這宇宙間不只是物質存在而已，是屬於多維度的宇宙，也就是多重空間存在的宇宙。

而我們人只是存在於三維空間的存在體，自然無法感測到超出三維空間以外的多維空間的存在體，這些非物質型態的存在體，就是我們俗稱的靈魂、鬼魂、精靈、神、菩薩、仙佛等等。我們無法看到或摸到、感測到祂們的存在，但這些通靈者很多都是與生俱來的能力，而且這是他們於過去累世中所造之功德，或經過修煉而累積得來的能量與能力，他們能夠接收到、感知到這些無形的存在體。

如同你的收音機或電視機，只要調好頻道，自然就會接收到影像、聲音的道理是相同的，因此他們能夠跟人的靈魂，或者其他不同層次的無形界溝通，傳達出許多資訊，其實我們每一個人都有此能力，只是忘了或是頻率調不準而已。

當我們藉助這些通靈者來進行溝通時，他們通常為了製造效果，這些通靈者會藉由許多儀式來包裝他們的技巧。對於通靈者、靈療師的立場來說卻是非常必要的，因為這些簡單的技巧，如果不如此包裝加點神祕感的話，你自然就不會崇拜他。

常言道：「臺上十分鐘，臺下十年功。」而且也藉此告知你，欲修得有成，有此功力通靈、靈療是需要歷經磨練、考驗、過關，才能步步進階與提昇的。

在我們從事宗教活動的這段時間裡，確實也認識了許多具有通靈能力的道友，每一個都有不同本領的通靈能力；有的則是具有透視你身體的能力。

在妙德老師啟靈教導的人當中就有一位妙智師妹，她是經過妙德老師的教導而啟靈、協助過關，轉化身體業障病，改善卡陰體質，化解生死關，階段性接受調教，靈電能量加持，間接開啟天眼——三界法眼。

她可以透視同修身上的能量，也能看得到神、聖、仙、佛及無形界靈魂、山精鬼魅魍魎……等，更看到妙德老師傳導給她的先天炁之顏色變化！這些現象也是經過三個已開啟三界法眼的人，同時相互印證之後才能確定其準確度的！

其中一位就是妙德的女兒妙真，她所開啟的「天眼、三界法眼」，其眼界是妙德老師啟靈的靈子中，看得最清晰也是層級最高的一位，她可以睜開眼睛直接看到神、聖、仙、佛，甚至神尊在座位上所穿著的服飾，並且能透視人體內的因果靈及無形遊魂，在大殿內觀看屋外側邊地藏王菩薩在不在座位上，她是使用穿透力觀看，也更是所謂的「遠紅外線透視」。

甚至還能在與師妹電話聊天時，靈魂出竅穿梭時空到達師妹軍營，她跟師妹說道：「我現在已經站在妳的背後，正看著妳在走廊上行走，妳現在正準備下樓梯呢！」師妹當下真的嚇得說道：「這樣以後我就無法做壞事，這太恐怖了。」妙真的這些能力都不是憑空而來，更不是「空降部隊」，而是過去生她努力地學修，修至真人的境界。

今生是來報答父母兩世的養育之恩（她兩世均是妙心師父的養女），再過情關，當然還必須超越過去生的修煉層級，圓滿過去世的願力。二〇一四年另外還有六位靈子，他們所看到的境界及領域，也是各有不同層次（三界法眼可分為十二層級的眼界）。

二〇一四年五月有位十一歲小女孩由於靈逼體非常的嚴重，持續一星期的發燒退燒再發燒，她奶奶苦無對策之下，只好請師妹幫忙收驚，結果師妹幫她收驚時發現，小女孩越收驚心臟越跳越快，也不知該如何是好，只好請妙德老師幫忙處理！

準提佛母指示：這孩子靈逼體非常嚴重，必須馬上幫她做啟靈的動作，經過妙德老師的引導，先天炁、靈電、能量加持才順利啟靈，並且經過不到兩星期即開啟三界法眼，而這個孩子過去生即是妙真前世的貼身丫鬟，妙真過去世修行即把小丫鬟當成自家妹妹看待，帶著她一起修煉，所謂「潛能開發」即是開啟過去世，或累世的潛藏能力。

小女孩當時就可看到某位信徒心窩處，有無形元珠白得發亮，妙德所要闡述的是：小女孩是最天真、單純，然而她所看到的景象，當下也已得到該當事者的印證與肯定！

身為一個通靈者可以感測到你身體的各種疾病，為你靈療，而有的通靈者是預測命運的能力很強，這種神通稱為宿命通，這種能力可以看出一個人的前世與今生的因果關連。

另外一種他心通的能力，也就是你心裡在想著什麼、目前在做些什麼事，不必說他們一眼即可全部把你所發生的事都講出來，還有一些通靈者，他們可以跟死去的亡靈溝通，通過這種能力，你可以跟死去的親人溝通，甚至他們也有本事去引導一些亡靈回歸本位，不要留在人間做怪或者眷戀人世間，而捨不得離開，這就是所謂的超渡或拔薦。

當然也有一些通靈者可以預測政局或天災人禍的發生，無論如何他們也都是各有各的「專業」領域在為人們服務，這期間我們也看到很多，具有這些通靈能力的人無怨無悔的，在默默地做及默默的付出，為人們服務不求回報反遭受到他人的誤解，甚至還遭受到其他宗教的輿論攻擊，真的是苦了這些替天辦道的通靈人，對於他們如此的精神與行為，讓我們感到無比的敬佩與讚歎！

當然我們也曾看到許多心術不正的通靈者，憑藉著這樣的天賦能力為所欲為，甚至還以神通掌控著靈子修士，欲使之屈服於神通之下，靠著展現自己某種的神通力，到處招搖撞騙的人大有人在，甚至有些根本毫無任何通靈能力的人，還出來騙財騙色的也都有。

之所以如此，不外乎他們抓住人類共同的心態——恐懼，掌控人性的弱點，以恐懼為基礎，這些人可以對你予取予求，然後用一些威脅恐嚇的話語假傳聖意，矇騙善良的眾生，若是不聽他們的警告，就會有死劫、災難、不幸的事情發生，造成眾生極度恐慌，真假難辨。

那麼該如何識破通靈者所言之真假虛實？唯有長期細心觀察辨事者平時的言行舉止，私生活是否糜爛，是否常喜歡說謊，常口出妄語、言行不一，不良習慣一堆，酒色財氣樣樣沾染，能否達到嚴以律己，寬以待人的佛道精神，這就是辨識通靈者真假的重點。

事實上，真正具有「證量」的通靈者，他們深知因果業障的關係，及因緣果報的厲害性，所以不敢，也不會用這些能力去做傷天害理的事，正所謂「天網恢恢疏而不漏」，莫謂以神通造惡時，無人可知，無有證據，須知，凡走過必留下痕跡，你的阿賴耶識已經如實記錄儲存，你的所有善惡之行，全部都記錄在「黑盒子」當中了。

在我們認識的這些通靈朋友當中，他們所接受到的各種資訊，來自不同層次的管道，有的是一般亡靈鬼魂，有的是神靈界，也有的是菩薩界，光是菩薩界就有許多不同層級的來源，當然也有來自外太空，不同空間的資訊，非常不可思議。

雖然，我們肯定通靈者所擁有的能力，也肯定那些無形界的各種存在體，只是這裡面有著太多的不確定因素及風險存在，每一種各有各狹隘的認知與執著，無法客觀與宏觀的去相容，這也就是讓我們一直不想涉入這個領域太深的真正原因。

妙德還是認為在學修上，自我提昇與自渡比較重要。幫助自己、親人提昇或幫助祖先離苦得樂，這才是重點，曾經有人說過這麼一句話：「你自己的問題處理好了嗎？自己的事情都還沒有解決，不要那麼多事，去管別人家的事。」

我們自己都無法解決自己所面臨的困境及難題，憑什麼本事去幫助苦難眾生，與利益眾生呢！所以，自我精進與提昇，行功立德，化解累世因果業障，自修自渡比開辦聖事來得更為重要，儘管如此，對於通靈者我們還是充滿崇敬與尊重。

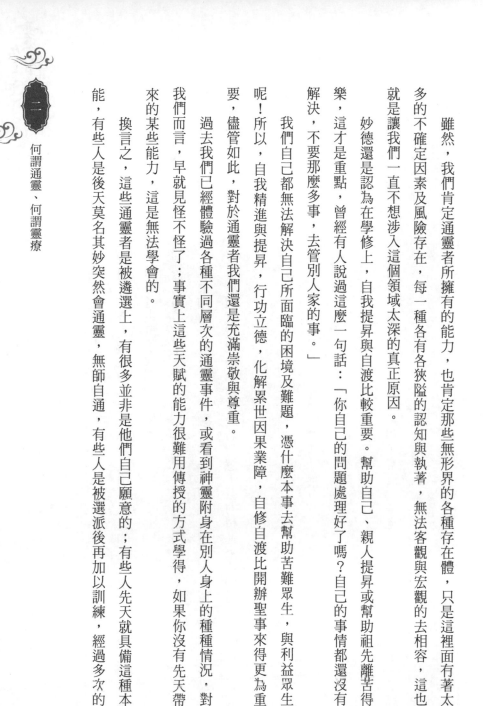

過去我們已經體驗過各種不同層次的通靈事件，或看到神靈附身在別人身上的種種情況，對我們而言，早就見怪不怪了；事實上這些天賦的能力很難用傳授的方式學得，如果你沒有先天帶來的某些能力，這是無法學會的。

換言之，這些通靈者是被遴選上，有很多並非是他們自己願意的；有些人先天就具備這種本能，有些人是後天莫名其妙突然會通靈，無師自通，有些人是被選派後再加以訓練，經過多次的折磨、試煉，再通過考驗與考核之後，才能夠通靈。

儘管在他們身上確實看到許多令人讚歎的本能，神奇又不可思議的通靈現象，多少也解除我們生活上許多迷惑的盲點，通靈者也幫了我們一些忙。

但是我很清楚的知道那條通靈之路，並非我們所追求最終之導引目標，而是需要增加更科學，更理性的知識，去探求那未知的心靈世界，並融合佛法、經典、道法、學術裡的理論基礎，再加上量子物理的觀念，及自己的實證體驗，勤修般若智慧，努力精進來達到更完整的身心靈同步的提昇與進化！

備註：六度波羅蜜：持戒、佈施、忍辱、精進、禪定、般若。

「持戒」：度毀犯。「布施」：度慳貪。「忍辱」：度瞋恚。

「精進」：度懈怠。「禪定」：度散亂。「智慧」：度愚癡。

這六度修行圓滿，才能開悟。般若智慧：是指能夠了解道、悟道、修證、證道、得道、了脫生死、超凡入聖的智慧。

【妙德法語】

修行悟道無染塵，靈性自淨其意純。
學修潛心深悟理，靈臺光輝靜心明。
相映道法證道臺，靈主證量功法傳。
大願唯誓心靈開，法脈相傳映靈臺。
潛能開啟靈鄉路，靈脈源頭映心臺。
功法純煉一陽動，氣動真氣入心田。
抽砍填離功法造，丹法動念離中來。
坎實鼎爐架丹田，九轉還丹入聖田。

三 對於「靈修」你瞭解多少？

「靈修」這兩個字相信大家都非常地熟悉，但可知在最近這幾年裡，眾多修行者為何會一直被修行、靈修所困擾？而且極力地想尋找「心靈的出口」？

這無非就是我們的「靈」已經迫不急待，或者說已經等得不耐煩了，祂知道若是再不尋回靈源以契合源頭的「修真」之路，這一生的修行考卷將會「繳交白卷」，那麼你說祂能不急嗎？

一般的修行者常會忽略的一件事，他們習慣把自己的肉體（假我）當做真我在對待，而把地球的家當成永遠的故鄉，孰不知「靈源之鄉」豈是肉眼凡胎所能想像得到的，識神假我豈能和「真我」之先天靈相提並論呢？

但又有幾個修行者願意為「斷輪迴」，而下定決心立願來學道修行，以及幫助靈格提昇而努力呢？因為大多數的修行者均懷疑靠著學道修行、行功立德、清償宿怨、靜坐禪定、陰陽兩利，漸進式的積功累德，能夠為靈性的揚昇而奠定穩固的基礎。

學道修行應該瞭解的「識神」解說

識神是在身體大腦中所形成的，它是可以控制生命體行為的意識體。生命體從誕生的那一刻起，就不斷地用身體（包括肌膚和神經）和感官接收天地間各種事物的資訊能量，這包括風雲、光影、陰晴、冷暖和聲音，在人類生命體中還會不斷地接受人文事物，特別是大量地接受知識和生活教導，在大腦裡積累了很多知識資訊和事物資訊。

大腦具有特殊的生物性資訊加工功能，大腦功能與資訊能量之間產生能量旋機，形成大腦思維，不斷複製、演化、創造和提煉新的資訊，使大腦內的資訊迅速膨脹，資訊能量也隨之增人，形成資訊能量場，具有能量感應性。

這種感應性不斷增強，又產生在大腦中，最終與大腦機能一起合成了，具有分辨功能和控制身體功能的意識體，這就是「識神」。

但是無論識神再怎麼強，都受到大腦機能和儲存資訊的制約，人的思想會千差萬別，也不會產生超出大腦機能的思維能力，不會產生超越所儲存知識資訊以外的思維能力，所以人的思想必然局限在大腦機能和所儲存的知識範圍內。

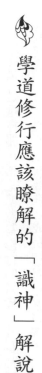

識神與大腦機能混成，是生命體的有機構成，人的情感、欲望等都與識神密切相關，都在識神的作用和控制下發生，所以人的識神具有情感和欲望的因素。

學道修行的目標可略分為下列幾項：

(1)能充分地了解自我，深入經藏解析得更加清楚。
(2)為了增長智慧，解脫人世間的煩惱。
(3)藉由修行而能夠對生死的看淡、看破。
(4)修行為求尋找本身靈性的靈源、靈脈、認主歸宗。
(5)藉由修行而能達到靈性的開悟、淺悟、漸悟、頓悟。
(6)修行、靜坐、禪坐的修煉能夠改變我們的氣質。
(7)修煉仙道炁功而能夠達到靈性的提昇與昇華。

不管你是選擇哪一項基準做為修行的目標，其實都離不開身、心、靈的這三個區域，倘若修行偏向哪一方，對於自我靈性之成長均會造成影響。

要知道，物質世界越文明，心靈世界就會愈空虛，再加上外在環境的壓力，可以說是內憂外患，如果找不到「心靈的出路」，便會如火車偏離了軌道，而弊端叢生。

這是現今修行者、靈修者常會面臨到的心靈困境，內心常會感覺人生了無生趣，為何要來到這人世間投胎轉世呢？沒有方向目標，看不到希望、願景，到底為什麼而修？為著什麼而努力？為了什麼在奮鬥、忙碌著呢？

太多太多的疑問真的是無解嗎？錯了，當初妙德老師被逆境折磨得快要失去求生意志時，還好有妙心師父的陪伴、心靈輔導、心靈療癒、精神資糧的補充（正式進入道聖門學修道學課程），及堅持一年多的幫助寄放善書，不管晴天、颱風天、下雨天，持續的在做發放善書、整理擦拭各宮、廟、堂的書櫃，以行動去執行（無畏佈施）、助印善書等等的善舉，才能幫助心靈慢慢地從谷底攀升上來，這些心路歷程若非當事人是無法體會與理解的。

但只要你有經歷過苦磨的日子，諸多的人生歷練，當你在接引眾生時，對於靈子修士們的悲苦心境將能夠感同身受。正所謂羅馬並非一天所造成的，凡走過必留下痕跡，修行的成長也必須要靠一步一腳印慢慢地累積出成果。

因而在對一切靈媒、靈乩、通靈、靈通者等等的靈訊接收，若是靈子修士可以放下身段，而融合於天地萬物，加以真實的演繹過程，讓自己去思考一切在當下中所接受的靈訊，正是對自己的缺失可以作摒除與彌補的動作。

凡塵的一切事相，對有情眾生來言，正是處在二元對待的世界，若無法明晰對此陰陽兩極的限制。必然無法真實的放下身段，因常常處在是非、對錯、正邪之中，僅人類才有的心態與觀念，將會影響修行人的判斷與抉擇。

若是可以破除此二元的限制，則對於有情眾生的生存當下，必然可以作超越的根本性。亦對此兩極化的限制來作個大轉圜，甚且不會再造下業因、業果、業障與累世的牽纏，而把自己纏得無法脫離與提昇。

聖賢云：「萬般皆有因緣註，知命了命苦」，世間萬般萬項皆有其因緣存在，而生命過程中，每一個人有不同的因緣使命，當逆境來臨時才能從「消舊業、了苦根」中解脫出來，才能在學道因緣上好好把握，盡心盡力去獲取修行最重要的東西——慈悲與智慧。

在這人生的舞台上，每個人各有不同的角色、不同的位置，「不排斥、不比較」；更不可心生嫉妒、與不可譭謗而產生了對待、產生了得失心。

要知道：「接納他人的成就、欣賞旁人的特色」。這是智者無為的心境，因為他能用包容心與智慧去看待這一切的人事物。想想好花需要綠葉襯，才能顯出花兒的美麗，在人生的大花園裡，每一朵花、每一片葉都有它存在的價值，而不應該被否定。學道修行最重要的是「怎麼讓自己發光發亮，也接受別人的光與亮（光環）」。

四　三魂&七魄真實義

三魂是指「天魂（靈魂）、地魂（生魂）、人魂（覺魂）」，古稱「胎光、爽靈、幽情」，也有人稱之為「主魂、覺魂、生魂」、「元神、陽神、陰神」、「天魂、識魂、人魂」等。只有人類才會擁有覺魂，動物只有靈魂及生魂而少了覺魂。

人之魂分為三種：天魂（靈魂），由天而降，為天性，慈悲溫柔愛人以德，領人為善，對人則和藹，即孟子所主張「性善是指天性，乃吾人之本性」（掌智慧）。靈魂不生不滅，死後歸天當神，或入地獄，即歸其應歸之位。

咱人三魂，不能有任何一魂受傷，「生魂」死後變成地魂，父精母血所結，為稟性萬惡無善，即荀子所主張「性惡」（掌生命），生魂有疾即生病。失生魂人即死，「生魂」——人死後即成為地魂，也就是我們俗稱的鬼魂。

覺魂亦是人魂，由地而生為習性，可善、可惡，近善者赤、近墨者黑，即善多者靠善，惡多者靠惡，即告子所主張「性可善可惡」（掌羞恥），失之覺魂者發瘋。一般我們所能遇到，或有人沖煞，即是遇到覺魂，覺魂本身不會害人，但是會作弄人。

修道修煉者，若生魂、靈魂、覺魂（天魂—靈魂、生魂—地魂、人魂—覺魂）經過修煉合而為一即成道，這也就是佛教所講的修得成就三身——法身（清靜法身佛）、報身（圓滿報身佛）、應身（千百億化身佛）。

動物有生魂及靈魂而少了覺魂，因其無羞恥心，動物有時比人聰明，係因有靈魂，但沒有覺魂。故再聰明之動物，皆無羞恥心，只要教就會乖的，即有靈魂，一殺即所謂殺生，生病拖很久，很難死者，其生魂均特別強，如植物僅有生魂，故其生命特別強，只要留根即可再生。

三魂生存於精神中，所以人身去世，三魂歸三線路：天魂（靈魂）歸天路——到達法界虛空的洞天。因天魂（靈魂）只是良知亦是不生不滅的「無極天靈」，因有肉體的因果牽連，所以不能回歸源頭，只好被帶上「法界洞天」寄託處，有的甚至暫為其主神收押管制，這就是所謂的「天牢」。

地魂（生魂）歸地府管轄，而且犯罪、犯錯者則應該到地獄報到，因地魂（生魂）可知主魂（靈魂）的一切因果報應，而且生魂也可指使在世之肉身為善為惡，所以肉身死亡之後，地魂（生魂）須再進入因果是非之地——地獄。

人魂（覺魂）則徘徊於墓地之間或是神主牌位上，因人魂（覺魂）本來是「祖德」歷代姓氏流傳接代之肉身，以七魄在身時其性格行持之魄力，死亡後在墓地或神主牌位上，來來往往的走在人世之寄託處。

直到再度輪迴，三魂還是無法重聚，因為會在當下時空落下一個魂魄──（地魂）（也就是生魂）。所以我們今生有幸得此人身，需要好好的進入正道法門──丹道修煉，修得三魂合一，得到先天一炁，炁化成就聖胎，如此，今生功課結束、任務圓滿後，方能成就「真人」之果位，永遠脫離三界六道之論迴。

不然下一世還是得再輪迴轉世，來救渡今生遺落在異度空間的碎片「地魂」，這是千古不變的定律，任你今生如何行善、累積無量之福德，下輩子還得再來享受今生所造之福報，若是還有疑問，建議你多閱讀《七真史傳》七真人的修煉過程，就能理解妙德現在所要探討的真實義。

「天仙狀元」邱處機──邱長春真人，所化生之靈子──嘉義師兄，在請主神降臨道場，監考與金線接引靈子於今生學道修行之演法、演化的科儀時，當下天仙狀元邱真人法身降臨時的能量級別，真的非常殊勝與光芒四射。

在場的師兄師姐們均接受到這道光芒的能量加持，而且是整個大殿籠罩在高維的能量磁場與氣場中。這是我們八人親身體驗到「天仙狀元」的能量磁場，相信各位修子在修行過程中，也都體驗過神、聖、仙、佛蒞臨的現象，但是天仙狀元已經證得金仙果位，不需再輪迴投胎！

所以祂的能量級別，至目前為止，還沒有其他的神佛降臨時的能量可以與之相比呢！雖說，修行不能有比較心，但在能量、磁場、氣場方面，還真的是需要以此作為神佛境界為依估的評比呢！

否則，神佛祂一降臨就自稱是某某天界降臨的神佛，你會相信嗎？還是需要經過體驗及智慧去判斷與思辯。

而「三魂」的根本是真如（生命實相），「三魂」是由於「真如動念」所產生的一種能量形態並吸附了靈質而具形體，屬於「靈界」管轄。

雖然「真如」代表一切法的真實性狀，但是凡夫心，往往活在個人主觀妄想情緒中，所以只能看到事物表象，無法洞悉此真實性狀。無我無私的聖者，可以在同樣的情境中，洞若觀火，知曉人事物來龍去脈及所造成之影響，並能處理、調整和超越之。

如此在有為法中，覺照並超越有為法，便是真如妙用，而非在有為法以外，另外找個無為法的真如，無為法本就隱含在有為法中，正如蓮花出淤泥且超越淤泥，而非離開淤泥，去找蓮化。

又如在種種平凡俗事中，凡夫計較於成敗得失；智者從成敗得失中看到夢幻無常；聖者從夢幻無常中證到人法無我；佛陀從人法無我中，歸到常樂我淨；無心道人從常樂我淨中，回到如是平凡。知真俗不二、本來如此，真如不離一切存在、一切存在不離真如也。

對於「真如」一詞，《成唯識論·卷九》也有解釋：

諸法勝義亦即是真如。「真」謂實，顯非虛妄。「如」謂常，表無變易。謂此真實，於一切位，常如其性，故曰真如。即是湛然不虛妄義。亦言顯此復有多名。謂名法界及實際等。

七魄

七魄乃是指喜、怒、哀、懼、愛、惡、慾，生存於物質中，所以人身去世，七魄也就消失。之後再隨新的肉身產生「肉體及魄」，這是屬於「陽世的物質世界」。

魄指的是血。眼：血澀；耳：血冷；鼻：血鹼；口：血甜；體內血是燒，大腸小腸是臭；肝：肺內臟腥。血和生魂有關，肉體是受生魂所主宰，人死後魂飛魄散，故體內就無血，但死者因生魂不滅故，魂見著親人後，則七孔流血。

《修真錄》：

修道無他，唯煉魂捉魄而已，人身魂魄猶如夫婦，夫綱若振，婦自順從，故捉魄必先煉魂，其煉之法，魂為性，屬木，魄為命，屬金，木為元性，人之性一昧則神亂。（元神屬火，故曰：木生火，神一亂則氣暴。）元氣屬土，故曰：火生土，氣一暴則情生；元情屬金，故曰：土生金，情一生則精洩；元精屬水，故曰：金生水，是五形相生也。又精一洩命損，欲保身命，先煉其性，性定而神不亂，神定而氣不暴，氣定而情不生，情定而精不洩，則命不損而魄安然。

是經所云：煉魂捉魄也，捉魄猶言，捉情不生之謂也。《仙學辭典》：「魂居左屬木，為陽氣之神，為性。魄居右屬金，為陰氣之神，為命。」

（七真史傳）王重陽分身化度孫不二之修練功法

吾度眾生授真傳，無無有有口難宣，
明知大道非遙遠，人不專心便失緣。
既得真傳道可修，三乘妙法任君求，
淵貞當日毀容面，換得金身萬古秋。

先生屢次對我講，一陰一陽之謂道，離了陰陽道不成，這陰陽是陽火陰符之陰陽也，非謂男婚女嫁，治世之陰陽。這個是言如妙理，惜你不悟。那個是言這般玄機，嘆不識，獨陽不長者。陽屬火，火多必躁，不能不成丹。

孤陰不生者，陰水。水多必溢，不能成丹。此孤陰獨陽者，譬水火不能濟也。總而你不明真陰真陽之理也。曠夫怨女，亦孤陰不生、獨陽不長之義也，故明於你講學道之人，不可無此陰陽，此陰陽者乃還丹之妙用。

黃婆者真意也，以真意會通陰陽，如提壺勸飲良美矣。真意屬土，土色黃，故喻之為婆。西家女金也，故曰西家；東家郎木也，木旺於東，故曰東家，兩相當二八一斤之數也。金非木之子不剋，木非金之子不生。

於陰陽造化，五行生剋之理也，修道者必以意會通，如媒之說合兩家，使金木歸於丹庭。

金者魄也，木者魂也，聚此魂魄於一處，戀戀不捨，依依相偎，魂不離魄，魄不離魂，似夫妻一般，兩下相當，汞也是八兩，鉛也是八兩，交感是結丹之處，是言魂魄相依。

精氣若有所感，凝結其中，如懷胎也。十月者，十為足數。溫養者，火候也。此言精氣凝結，以火候練成丹，足乃圓滿之謂。工程圓滿，嬰兒降生，嬰兒是真氣所化之神也。此神從玄關出來，上朝金闕而為真人，豈不是神仙麼。丹陽說畢，孫不二大悟。

五 什麼是「靈逼體」？

什麼是「靈逼體」呢？所謂的「靈逼體」，從字面上的意思來說，就是你的靈體看見肉體都不照著「靈魂投胎前—生命計畫書」的既定命盤去執行，無法平衡自己累世所欠下的能量失衡（業力）。

於是祂非常的著急，靈體想盡各種辦法要提醒你回到「既定的靈魂計畫上」，故盡祂一切所能的影響你的肉體、運勢，以及你的外在環境，而這種現象，我們稱它叫作「靈逼體」。

這也就是靈體「逼迫」肉體的意思，但在此，希望靈子、學子們千萬不要誤會，以為自己的靈體怎麼會如此的殘忍，其實這是靈體（或者說是更高意識的你），對你愛的十足展現。

簡單來講，所謂的「靈逼體」現象，其實就是當一個人不按照「靈魂出生前—生命計畫書」來走時，所出現的症狀。目的就是在「逼」著你去了解自己的靈體與這一世的靈魂課題。

被「靈逼體」時會有哪些症狀？

一般受到「靈逼體」的人，因為其現象跟傳統上我們所常講的卡陰、帶煞、冤親債主很類似，所以往往會被素質不齊的宮廟老師、前輩所誤判、誤導。對有類似「靈逼體」現象的靈子，我們會建議他最好還是找專業，並且領有「辦事旨令」的老師、主事者來作處理，這樣才不會被誆財騙色。

遇到一些個案來諮詢時，明明只是卡陰、帶煞、冤親債主……等問題，卻被之前的老師說成是「靈逼體」，或明明只是「靈逼體」的現象，卻被之前的老師說成是被亡靈跟著，如此，常會有令人啼笑皆非的個案出現。

通常受到「靈逼體」的靈子們，會出現家庭、工作、金錢、健康等等各方面的不順與困境，有可能是突然發生家庭危機、找不到好姻緣、工作被KO、金錢損失、健康違和、身體莫名的痠痛，或者是醫療體系查無病因的疾病等。

但因為症狀與卡陰、帶煞、冤親債主很類似，所以我們建議靈子、修士不要自己對號入座。若真有所謂「靈逼體」現象，要如何處理比較適當？答案還是：「找到值得信賴的正派老師來為你作處理。」一般正派老師會在神靈的協助下，幫個案釐清造成「靈逼體」的主要原因。

大多數的個案，在我們協助進行「認主程序或認主歸宗」及「今世靈魂計畫解讀」後，「靈逼體」的現象就能夠好轉，但還是必須遵照「靈魂計畫」完成今生既定的命盤，須知，順應天意，方能順心如意。

為何好端端的會出現「靈逼體」的狀況？

發生「靈逼體」的原因可大致分為下列兩種：一、不照「靈魂出生前計畫」走，在此必須重申，並非所有「靈逼體」的靈子，都是必須要開宮建廟、救渡世人的。之所以會有「靈逼體」的現象，絕大多數是因為「肉體人格」不想按照「靈魂出生前計畫」去做。

而且也僅有少數天靈，他們確實是需要領旨辦事、開宮建廟，但是他們的「肉體人格」可能仍然沉浸於俗世的功名、成就、事業、愛情……，所以他們的靈體就會著急的想要提醒肉體。

另有大多數人，是因為明明這一世的計畫是要好好創造一番事業，或透過各行各業的方式來服務社會，但卻提早走入人為的宗教，事業什麼都不管了，這完全違背當初自己的靈魂計畫，所以就會有所謂的「靈逼體」的現象發生。

二、還有多數的人，因為我們第三次元僵化的教育體制的原故，使得現在所從事的行業，都不是當初「靈魂出生前—生命計畫書」所約定要從事的志業，這類的人，也常會出現「靈逼體」的現象。

他們最常出現的徵兆就是：「感到前途茫茫」、「不知何去何從」、「覺得人生沒有意義」，這其實都是「典型的靈逼體」現象。

身為一個靈子不識主神與靈體，而無法由主神護法引領回歸靈界（靈歸源），對於靈體而言，肉體如果知道自己的主神與來處，並經過「認主報到」的手續後，這在西方靈來說，他們有所謂的「受洗」儀式，在這一世肉體陽壽終止時，靈體會由主神所派的護法，直接護送它到應該去的目的地。

此外，宇宙的天律是公平公義的，「天子犯法與庶民同罪」。若肉體在世時，完全不按照靈魂出生前的生命計畫書去執行，不論你的靈體是源自於何方神聖，仍舊要經過閻王審判（這是針對東方靈而言，而西方靈有自己的對應系統）。

經過認主歸宗、認主程序的靈魂，好處在於有主神的認證及接線，確實會比無主神的靈魂，多了一些保障。然而，肉體人格並不知道有認主這回事，所以靈體會著急，只好「逼迫」肉體，讓肉體百般不順，而去尋師訪道以求化解苦因。

如何判斷為你處理「靈逼體」的老師是否為正派修行者？

一般帶天旨、領辦事旨令的老師，因為有正神在轄管，是不能胡亂收取費用的。如果你聽到某某老師在為某人作完認主程序後，還要你再花個幾萬到幾十萬不等，來作化解冤債的儀式，那可能就有問題，有可能該位老師所連結到的靈體是來自第四次元的朋友，而不是真神正駕喔！

我們從高靈那兒確定「確實會有許多第四次元的靈體，假裝是高次元的神靈」一事。但因為這是大家自由意志所造就出來的結果（共業），高次元真正的神靈，並不會出手干涉因果業力的問題。

此外，一個正派的老師，他除了會幫助你治標救急外，應該也要適時傳授你如何自我療癒的相關工具，也就是俗話所說的「給魚吃，不如給釣竿」。更不能讓問事靈子養成對老師的依賴。目前發現還是有許多的問題老師，只是滿足問事靈子對於神通的需求，而不願意傳授自我療癒的工具，這對個案本身的靈魂提昇，其實是沒有多大的建設性，畢竟，自我療癒是一輩子的事。

當你發現，這位問題老師從頭到尾，都只是在滿足人們對於「料事如神」的娛樂需求，且從未教授應如何化解各種能量的不平衡時，這類老師往往內在仍舊停留在第三次元的匱乏中，他們擔心若讓你取回自我療癒的自主權後，他們從此就沒有財路了。

也因為恐懼的能量，讓他們往往能連結到的靈體，大都是來自第四次元的靈體，並與祂們形成一種狐羣狗黨的共生關係。

為何現在才聽到有所謂的「靈逼體」現象？

不論你是從東方、還是西方切入，是從古代經典、道書，還是現代新靈修書籍切入，都會聽到雷同的說法：佛法的末法時期、聖經的末世論；還是西方新時代訊息的人類，將會快速提昇到第五次元，或是有人說現在是所謂「靈的世紀」、「因果清算」的世紀。

你心中或許會疑惑：「為何東西方高靈的訊息，都不約而同提到相同的事情？」。關於「靈魂出生前—生命計畫」我們再次整理出來，那些透過西方高靈所傳的訊息都不約而同提到：「人類的靈魂需要快速提昇，以迎接第五次元的到來。」但祂們比較不願意提到的是「為何人類的靈魂需要快速的提昇？」

在這，我們只能告訴各位靈子，《聖經・啟示錄》是真實的，只不過顯現的方式，並非按照字面上的意思在進行。當有愈來愈多的靈魂不照自己所編寫的靈魂計畫履行時，不光只是影響單一個靈魂自身，會同時影響到所有與之相關聯的靈魂。

請試想，一個靈魂一生可能會遇到上百個人，而若一個靈魂不照計畫，他就會影響上百個人無法按照靈魂計畫，而這上百個人又不照靈魂計畫，又再影響與之相關的上萬人……。

如此以等比級數的方式漣漪出去，其影響是擴及全宇宙、靈界與法界。造物主（源頭）因出於無比的大愛，在這個緊要關頭透過……安排許許多多的東西方高靈來到這個實相空間，目前就是希望這些不照靈魂計畫的靈魂們能順利回轉。

所以這也就是為何在現今這個世代，會有這麼多來自高靈的訊息之根本原因。這也就是為何現在有這麼多人可以輕易通靈的原因。

如此的解釋能夠理解嗎？而這份愛是很沉重的。也就是說，這個世代，確實是靈體顯性的世代，將會有愈來愈多的靈魂（元神）覺醒，並開始平衡自己累世所積下的能量失衡（因果清算）。

當有愈來愈多的靈魂對自己生命的療癒負起全然的責任時，人類意識就會有個跳躍，這也就是進入所謂的「第五次元」。而這樣的回答，則是從神靈的視角，來看現在大家所議論紛紛的「靈逼體」現象矣！

【妙德法語】

三期末劫應道降，天源靈性道化開。
因果業障天羅網，三曹對案總清算。
明師協助業障還，懺悔反省積德償。
忍辱精進道業昇，懈怠光陰待何生。
道劫並降考真心，三曹普化渡世靈。
旨靈地卦引道經，道化天經益祖靈。

摘錄自：妙心隨意窩，2015.11.17

六 靈修（靈動與禪坐）

相關名詞釋義

靈修：靈性在肉體（身、心、靈）上作生命昇華的心靈層次提昇。

靈動：靈動則是靈體與肉體透過身體經絡、氣脈、能量接引，所引發之動態模式的肢體動作。之所以會靈動是天時機緣條件已成熟，觸動啟發自我肉體與靈性、炁機、磁場之脈動現象——啟靈。

會靈：靈體與神佛、靈體與靈體間交互溝通，甚而影響的因緣交會。

走靈山：借助地理磁場的能量或因緣能量來與神佛、因緣肉體、靈體之磁場能量作進一步靈性昇華的融合。

禪坐：禪坐是靈修者需透過靜坐方式自我調整能量，以達到肉體與靈體之生命能量昇華。

靈動

原因

天時機緣條件已成熟，觸動啟發自我肉體與靈性炁機磁場之脈動現象。亦即：自性、本靈（或世靈）、共修靈的能量，所引發之自我身體的靈動反應現象，自性靈體與肉體，因能量層次性的差異障礙，所引起的反應現象。

（自性：即為原原本本的「自己」，但只要經過啟靈之後，自性即提昇為本靈，亦即今生所要修持的「自性佛」）

（世靈：即為過去世的自己，並有前世記憶與功德、業障尚待圓滿。）

（因緣靈駕：即為過去與肉體有直接、或間接因緣關係或結緣的靈體能量。）

說明

自性本靈的能量原屬於較清澈、無垢無濁無生無滅之清淨能量，而世靈靈體的能量，因尚有人之五蘊殘留意識、執著性，而人之身體又有氣脈經絡，所以當靈體能量開始觸發引導靈動時，應會先調理自身氣脈磁場的暢通性，使其恢復原本之自己，亦即修回本身靈體的源頭，此乃「靈修」之真正意義與最終的目的！

但因人的靈輾轉幾經累劫累世的輪迴後，確也累積了太極易理無窮演化的經歷，或無或直接亦或間接的因緣關係，也造就了不少神尊、神佛。

也因為因果關係演變出更多的教派及修法，其原因乃至於各自靈體與人之心性執著心的影響結果，便也形成到如今所見之種種現象。

正本清源，尋師訪道，法脈歸源，靈脈歸根，認祖歸宗，福慧雙修，智慧生活禪於最終心性穩定狀態，才是最根本解決眾生問題之道！

「靈動」相關名詞釋義

靈慧雙修：肉體與靈體，智慧雙修，智是觀照，慧是了知。了知世間法為智，觀照出世間法，即通達佛陀第一義諦為慧。再簡而言之「觀空照有，了知空有，就是智慧」。

勝義諦：明白一切事相的真實與真理。

小乘佛教以學修幫助自己覺悟；大乘佛教以智慧自覺覺他、自渡渡人。覺行圓滿，即是無上菩提（智慧），所以，不管小乘大乘，都以智慧為內核。度脫眾生就是讓眾生具足佛智成佛，就是證得無上菩提（智慧）。

持戒：就是告訴我們有所為有所不為，這是保持身口意三業清淨、建立高尚的倫理道德、提昇人品修養的惟一途徑。「由戒生定，因定發慧，因而這樣的智慧，從修養中來，從修持中來，從禪悟中來。」

戒定慧三者的關係，也可以簡言之：戒是防心，定是修心，慧是明心。可見，智慧是心靈的證悟，是心靈的體驗，是通過學、修、行、證、悟的次第法門而成道。

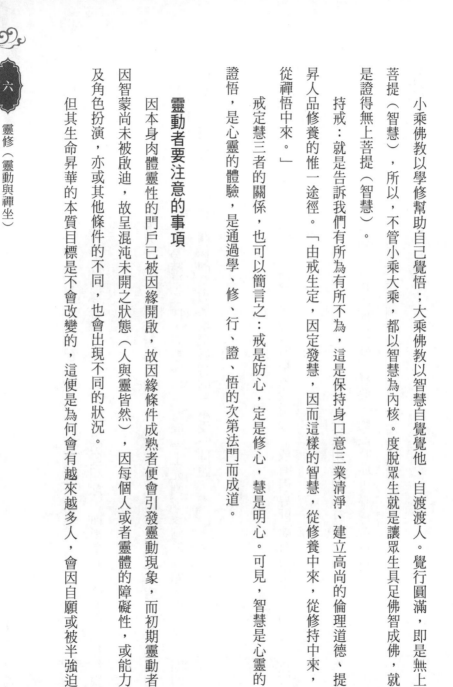

靈動者要注意的事項

因本身肉體靈性的門戶已被因緣開啟，故因緣條件成熟者便會引發靈動現象，而初期靈動者因智蒙尚未被啟迪，故呈混沌未開之狀態（人與靈皆然），因每個人或者靈體的障礙性，或能力及角色扮演，亦或其他條件的不同，也會出現不同的狀況。

但其生命昇華的本質目標是不會改變的，這便是為何會有越來越多人，會因自願或被半強迫式的走向靈修之路，最終甚而無曰靈修，因已自然生活化而不被其障礙了。

靈動者會因因緣帶領者，或輔導者所學或依其領悟之階段觀念，而影響該被帶領者的往後靈修思維與未來之結果。

任何善的修為觀念或方法，本身並無對錯的問題，而是該方法所衍生變化後對其影響範圍的影響程度，以及其方法的修為結果為何，而變成在「時間」上先到或後到的問題，與在這時間的時差裡，所再行輪迴因果關係的業力與環境影響的「承受」問題。

如何面對靈動

⑴初期，因安全性考量，最好找熟悉的環境或道場，或有引導師或有靈動資歷的人，在旁護法或找伴幫忙，以免意外發生。

⑵若有所顧忌與避諱，可先行以禪坐方式靈修，或採用訓體、打拳、瑜珈、舞蹈等等修煉動功或靜坐禪坐（修煉靜功）自我心性的祥和舒發，此段時期可尋找適合自己理念的經典（書籍）或文章（善知識）來補足此段初開靈動知識智慧空虛之填補，最終仍以萬緣放下、無為法、智慧生活禪等之修行，為修行目標！

(3)安心、放輕鬆，在動功時盡量能配合靈動的導引與時間，順其自然的調整能量到自然收功告一段落，這樣對於身體才是最好的修煉方法。如此才不致於在融合能量與肉體氣場時，彼此能量之層次差異性過大，而造成不舒服感覺的情形發生。

(4)調整能量：動態動功與靜態禪坐的自我調整能量於裡外磁場頻率、能量平衡常態中，「心中蓮花祥和現，調理心性平衡穩」。

(5)建議在此自我調整能量的靈動練功時期階段，飲食方面盡量保持清淡素食，可減少不舒服的感受，這也是靈體快速淨化的一個好方法！也會有意想不到的效果讓人有神清氣爽、輕盈體態、健步如飛、養生美容……之效。

靈動防撞跌倒問題之防範

(1)若睜開眼睛可抓住靈動感覺，便可睜開眼睛靈動，若眼睛無法全開則留些微可見光物的眼光注意四周環境物或人，避免碰撞，或請人從旁協助護法，但如果是屬於初期靈動的靈修者，建議你先閉目凝聚磁場後，再睜開眼睛來做訓體的靈動。

(2)注意身體重心平衡：在練功時盡量保持身體重心的平衡性，才不致於因被帶動牽引的能量，失去重心而跌倒（初期：重心壓低，心法：心隨氣動）。

摘錄自：妙心隨意窩，2011.06.05

七 如何找到適合你的靈性導師？

孔子說：「三人行必有我師焉。」意思是說：每個人身上都有可以學習之處。不過，在靈修領域的情況是有些人會長期地追隨某位大師。有句話說：「好的老師讓你上天堂，不好的老師讓你住套房。」其實這句話說的有點偏頗，而且有一個顯而易見的盲點——為什麼你要去找一個老師？

你為什麼需要一位靈性導師？這個問題拿去問一百個人都會出現不同的答案：「因為想要開悟」、「因為大師很有智慧」、「因為想要擺脫痛苦與煩惱」、「因為有了導師我就會學得很開心」你可以找到千千萬萬的理由，但最終理由都是相同不變的——為了解決自己內心種種的疑惑與困擾。

同樣地，那就牽涉到一點：我們總覺得別人身上有我們想要的東西，是我們認為自己所沒有的東西，所以我們才需要找老師指點，才會想要去學修。

一位循循善誘的導師可以帶給你新的洞察知見，可是他依然是一個肉體凡胎，當你看到老師的缺點時，當你覺得他其實沒有你想像的那麼完美，那又該怎麼辦？

批判你的導師並不是最好的選擇，而是應該反省，你的導師帶給自己的影響是什麼？帶給自身的啟示又是什麼？從老師身上你看到的是什麼？能否引導你進入深藏修行？能否幫助你潛能開發？

某人問印度靈性導師尼薩伽達塔（Nisargadatta），一個宗師是否應該是「行止端正，能夠自制的人」，他是這麼回答的：「這樣的人多的是，但是於你們無用。為人師者是要能指點你們能找回自我靈性的路。這跟他這個人的性格、脾氣又有什麼關係呢？你們唯一可以拿來作為參考的，就是當你們跟他（老師、大師）在一起的時候，自己有什麼變化……如果你們比平時了解自己更多更深，那就表示你們找對人了。」

有位禪修多年的日本行者告訴筆者，儘管他的禪修老師有某方面的人格上缺點，但卻是在這修行路上的導師中，唯一讓他真正了解到「禪」的人。

如果一個人可以讓你洞悉內在深處的真相，並且看見宇宙萬物更多層次的機理，那麼他必然是一位具備美好特質的引導者，才能使你瞥見在瑰麗奧妙的宇宙，所綻放真理光彩的角落。

須知，萬事萬物皆具備空性，沒有所謂的好，也沒有所謂的壞，此一時好、彼一時壞，是因應潮流而動盪著。

例如，有個人總是非常小氣，他拼命賺錢、省吃儉用存來的錢，卻是用來養活一家大小的救命錢，那麼是好？還是壞？對別人來說，他小氣過頭，但對他的家人來說，他如果不小氣，就沒錢養家活口了。

所有的好、壞都是相對的存在，要是你在別人身上看到缺點，你可以試著去看看自己身上是否也有相同的缺點？以此來看待學修是否更加有意義？或者，你可以用什麼方式去改變它或轉化它？學修必須懂得發現自身的問題，藉由修正才能往更高一層來跨步邁進。

在別人身上發現問題，往往是我們學修最真實的一面鏡子，我們無法改變別人，卻能改變自己與轉化自己。其實不必刻意去尋找一個靈性導師，在每個人身上都可以學習與洞見，每個人身上也都可以看見自己問題的拼圖碎片。

在現今社會隨時都可以學習新的知識與道理（但是我們真的都有智慧參悟真理嗎？），最好的靈性導師正住在靈子的內心深處，我們在學修過程中必須對境保持覺知，如此，真理與答案便會與我們同在。（但我們真能見到內心深處的自性佛嗎？祂有資格來當我們的靈性導師嗎？）

知識的學習若無身體力行，是無法去實踐的，光是靠理論並不能代表真理，也無法達到如期的進階與道功，須知，靈性與心性的分別就在於真假、易變，你真的瞭解自己了嗎？你對於靈性的覺知與開悟瞭解有多少呢？

（妙心師父曾說道：就因為每個人的使命不同，心性的覺知只需儒家思想，而靈性的覺悟還是需要靈性引導師。在各行各業的專業知識，也都必須經過專業師傅教導方能精益求精，如此，才能將所學發揮到淋漓盡致的階段。）

摘錄自：妙心隨意窩，2013.08.23

八 臺灣靈乩的轉靈現象

會靈

跑靈山的目的是以會靈、轉靈為主。在宮主、住持與帶隊師兄師姐的帶領之下，點三十六柱天公香，男左女右分邊跪拜天公爐向外先稟奏 玉皇上帝，禱詞如下：「弟子（某某某），今年（幾）歲，家住（哪裡），祈請 玉皇上帝作主，賜予弟子靈主正駕降駕會靈，賜我靈山自在，並祈請（某某）宮主神——（某某）正駕降駕會靈，賜我靈光光彩，事業家庭圓滿。」祝禱完後將三十六柱天公香插在天公爐內。

再重新點香參拜宮內諸 主副神，拜完後，在帶隊師兄姐、宮主、住持的護持與指點下，每人自然靜坐約十五至三十分鐘，靜坐期間，若團員有靈動現象，帶隊的師兄姐、宮主、住持則以唱誦音頻或以手推動團員靈動。我們專程至靈山聖地朝聖禮佛，需適時藉此靈山聖地的能量磁場帶動、牽引、訓體，以讓我們走在靈修的正途上，身、心、靈能夠更加健康、平穩。

靈動訓體為的是幫助靈體、肉體更加相容、結合，並快速地幫助身體打通奇經八脈，而不是為了追求靈通、神通，訓體還可讓身體的氣血循環更加順暢。

靈動現象包羅萬象，有踏七星步、跳蓮花舞、打拳、舞劍、轉靈臺、開口講靈語、開口講天語、開靈文、開天文等等，很像是自發功一樣，當靈動強烈時，需要數人圈圍住，才不致於靈動時意外受傷。

最後再由帶隊師兄姐、宮主、住持以三十六柱天公香對依次跪拜在 主神壇前的參拜團員各別做法，有的以開天語對團員直譯神尊的指示，但最終還是得翻譯成白話文說明，這些開示包含著有關於修行、訓體、靜坐及日常生活中的種種，如感情、事業、健康、運勢……的指點。也有無形的開示，則是以接令、接旨，接領無形兵器、法器等方式呈現。

常言道：「精誠所至，金石為開。」凡是先天帶有使命、天命的天靈，待時機成熟時，上蒼會視靈修者的修行次第，而依該行使的天職給予行使的旨令「營業職照」，沒有旨令在幫助眾生處理無形事時，就是所謂的無照營業，辦事者將會承擔到對方的因果業障。最後神尊都會奉勸靈乩快點精進修行，以轉靈為主要訴求！

靈乩有所謂的文乩與武乩兩種，依我所了解文乩的數量應該遠多於武乩，而文乩修行的次第也應稍高於武乩。因為武乩通常以王爺靈等武將為主，文乩的神靈屬性則比較寬廣，通常以柔性智慧訴求為主，武乩到最後還是會蛻變為文乩，除非武乩安於現狀不想轉靈。

轉靈機制

道教是主張「重道德、修清靜、法自然、靈收圓」的宗教終極訴求，然而跑靈山者卻大多因重視靈通現象的經驗追求，以致於遠離了宗教經典及知識的滲透度，卻仍然保留了神祕經驗的個人直接體會。

其實究其主因乃是由於尚未深入經典、經藏、善知識去學習及解經義（第一義諦）的參悟，尚未精進學修以至於無法開悟、淺悟、頓悟與證悟。

跑靈山有點類似西方宗教的朝聖活動，但是臺灣的跑靈山早已失去了原有「巫」的神祕知識。即使跑靈山包容各宗萬教，然而對諸教義經典並不是很重視，它又特別重視靈通、靈動現象，只要有靈驗的神祇，都有人跑廟參拜。

以教宗教學而言，實際上啟靈、修靈、靈修是內容很豐富的前宗教經驗的神祕傳承，對跑靈山而言，會靈是直接與神祕力量接觸（即神靈、高級指導靈的正能量），而轉靈更是一個很重要的修行指標。

靈性啟發的現象是錯綜複雜，應以個案加以細說解讀，不能用理論文章加以套用，不能身歷其境的表達，充其量只能說是在賣弄文章，玩弄心機，不能深入重點以客觀角度來分析。

你現在是什麼靈，下次可能會轉由另一個高級靈來教導本靈，在轉靈的過程中高級指導靈只有下來正式教導一次，接下來就是考驗心智與靈體的學習能力，完成階段性的使命才能再更上一層樓。這個現象初階靈修者多半未能參透玄機，而自己形成一種依賴神尊的錯誤行為，造成靈修過程進步緩慢。

至於為什麼要轉靈？答案很簡單，因為跑靈山的修法是借假修真，是神尊與本靈的互動，借用肉身來修煉靈體的能量訊息，以提昇訊息接收的正確性及準確度，加強靈體的能量法力，精進學修古聖先賢的經典，汲取古人的智慧結晶，漸次達到靈格提昇，並從學修過程中提昇悟性。靈體濟世渡人有功德，祂可以轉靈晉昇，而人從這個協辦角色與過程中，也學習到靈性的知識與成長。

摘錄自：妙心隨意窩，2011.07.31

九 先天靈的屬性與特質

宇宙天體的輪迴與運行，自有它的機理與機制，正如同春天到了必然百花盛開，冬天到了就要萬物蕭條的道理一樣。來到盛世天下太平繁華，進入亂世黎民蒼生備受苦難。千百年來這個問題困惑著每一個人，因為處於未知狀態，所以人類恐懼與不安，於是各派宗教學說、命理命相、紫微斗數，星相與乩童或靈乩、靈通等等，成為眾人尋找答案的方法與管道。

那麼為什麼會有輪迴？這就要從「靈」的角度切入，靈的來源——人是肉體與靈體的結合，因為靈的存在與不滅，所以才有因果與輪迴的產生。靈的問題，以前世今生的因果來做解說，目的是在使人們知道過去，也能預知未來。

在解決眾生對未來的困惑，也在使眾生面對未來的人生更為踏實，面對死亡也不再感到害怕與恐懼。當了解了前世今生之後，面對今生的未來與未知的下一世，我們該如何掌握或自身怎麼做改變？

人自有生命開始，就有了生、老、病、死、苦，有病痛、苦難、災厄、困頓等等，這些是肉體的苦。在精神層面上，人都想探索未知、預知未來；在肉體層面上，人也都想趨吉避凶、消災解厄。

生命有輪迴的說法，以往被認為是宗教家為了勸人為善而牽強附會的觀念。每一個靈魂在肉身死亡之後，都要經過「考核」與「批判」，來決定他下一世的去處，這就是所謂的輪迴。

然而，靈又是從何而來呢？靈的種類可分為三大類：先天靈（或稱神靈、及神佛所化生之靈子）、普通靈與動物靈。

動物靈轉世的人如有良好的修持與善行，經過六道輪迴後，可繼續投胎轉世為人，甚至可以提昇靈格為普通靈，但若是多行不義，就會貶回為動物類。

普通靈亦然，肉身死亡後，就要回到六道輪迴，視其生前之所有作為、造化、心念，以及造業之程度來決定下一世的去處。特別精進的普通靈倘若修行良好，經過靈界的同意後，也可提昇為後天的先天靈，反之，若是多行不義的話，也可能被貶為動物靈。

雖然動物靈與普通靈在自然界中所扮演的角色，看似並不重要，但在靈的輪迴過程中，卻有鼓勵獎懲的性質作用，所以它有一定存在意義。而先天靈在凡間的輪迴轉世，因與靈界的互動有著密切關聯，也正是本文所要探討的重點。

先天靈的來源與性質

先天靈的靈子是從靈界所化生下來的，而且每一個先天靈在靈界都會有一位「主神」。靈界依據凡間的不同需求，將靈子化下凡間投胎轉世，賦予各項職責與任務，或者接受各種考核與磨練。

當人們在凡間的生命結束後，肉體留在人間腐朽化為塵土，而靈卻必須回到靈界的來處覆命。靈界則再依其靈魂在人世間的一切行為舉止、功過做評比，決定是否能留在靈界，或者繼續下一世的輪迴考核。

因此所謂人間（凡間、地球）即是靈界修行考核的場所，講的就是這個道理。而靈界的國度，當然也有祂的法則與制度，運作著靈界與凡間的所有互動。

一、先天靈還有先天、後天之分

由靈界神尊處直接化生而來的靈，是為「先天的」先天靈。而凡間本是輪迴、考核、修行的場所，故普通靈在凡間經過良好的磨練修行修持，靈格得到提昇為先天靈者，即為「後天的」先天靈。

一般而言，普通靈的升格，必須先有肯定的修行與修持，再得到靈界某一神尊的認可接納，才能得到提昇的機會。但給予升格機會的普通靈，還必須再經過一次人間投胎與歷練的考核。通過考核後，才能確定成為「後天的先天靈」。

二、先天靈也有靈性不同之別

先天靈的靈性有二種主要的區別：即是「不能通靈」與「能通靈」之分。而能通又有不帶天命與帶天命之分。所謂能通的意思，就是能與靈界溝通，能轉達或傳達靈界的訊息，這在西方則稱之為「靈媒」。

此處的「能通」，與佛教界所稱的「六神通」有某些相似之處，但此處所說的靈通，是從靈學與實務的觀點著手，六神通則是以佛學、宗教的觀點探討，兩者還是有極大的不同。

先天靈的人，即便今生不能通靈，也還是可以經過修行、修煉、鍛鍊的方法，達到「較淺低層」的能通境界，但這種能通者，若是替人解讀因果，一般只能看到前三世。

而能通者中如果是「先天的先天靈」，其能通的層次與境界就能夠深廣些，能看到與解讀累世因果。但如果是後天的先天靈，其能通的層次與境界就有局限，若是替人解讀因果，一般只能看到前一世之因果。

由於一般人對能通靈的現象認知不足，又不相信靈界的存在及因果輪迴的道理，於是許多具備「能通」體質的人，因被「幻象、幻覺」所惑，而被當成精神耗弱或精神官能之疾病患者看待。

所謂「帶天命」，即是身負靈界所賦予濟世救人的職責。帶直接天命指的是從事問事、辦事，直接點化眾生的工作（亦即傳道、授業、解惑）。但問事、辦事也還有分辦大事或小事及辦事的範圍、科別等等。

例如有人查看三世因果，有人靈療、治病，有人查看靈源靈脈，有的辦理靈界相關之事，有的專辦祭改、除煞之事，有的專辦卡陰、祖先、嬰靈、收驚等問題，有的辦理陰界地府之事，更有的則是兼具數種等等。

大天命又是什麼呢？所謂大天命就是協助濟世的工作，如傳授佛經佛理、道經靈學、傳道、授業、解惑，渡化眾生、引迷入道；規劃協助、輔助問事、濟世工作，從事心理輔導諮商，勸人尋根訪道、善道引導人等等。

大天命的工作，有專職，也有兼職的。一位耳鼻喉科的醫師，病人常喜歡找她訴苦，她也很習慣聽病人傾訴，並加以適時的開導，有時勸人探求因果答案，有時勸人信仰宗教或是勸人靜修，她也告訴病人，有些靈光病、因果病、卡陰病，要另外探尋本源。

她為何會有這樣的診病方式，她自己也不明白其中道理，經由前輩指點，她帶有「大天命」的職責，她才恍然大悟。所以兼職性的大天命工作者，在各行各業都有可能會遇到！

先天靈在人世間的功德、業力、修為、成就，均在此凡間做一次的總結算（總清算），如能通過考核即是能「收圓」。所以，「收圓」是收自己的圓。若是自己的德行能圓滿無缺，靈即可回歸來處（源頭），不須再受輪迴之苦。

靈界乃以因果總清算的方式，希望能在磨練與考驗之後，產生撥亂反正之結果。而在因果總清算的亂世，亦唯有從靈的問題著手，知道靈的來處、去處，經過點靈、會靈、認主歸宗……，才能趨吉避凶，才能得到無形力量的協助。

藉由修行幫助「身、心、靈」能夠同步精進與提昇，發掘「生命的醒悟、覺醒」，深入心靈內在世界，瞭解自己的本命、天職，屬性，順應天意，潛能開發。因緣際會回歸本體，生活工作之餘不忘修行，沒有不好的法門，唯有不適合的法門，期盼心靈相應同證菩提！

十 靈性生活禪

☺我們所見到的世界，只是自己內心的反映。在心情開朗時，見到的人都是友善親切；在心情煩躁時，碰上的人彷彿都是面目可憎。

☺透過批評的眼睛看，世界充滿了有缺陷過失的人。透過傲慢的眼睛看，這世界充滿了低賤愚癡的人。透過智慧的眼睛看，每一個人都有值得你尊重及學習的地方。

☺世界上的良藥，都只能治一種疾病，而心靈的良藥「智慧、慈悲、功德」，卻可治癒一切的病苦。

☺人們常常嚷著要去尋找內心的平靜，其實它一直都在，是你從不用心去尋覓它；當你為了慾望而勞役奔波，終日庸庸碌碌的忙碌中，當你沉靜下來時，才會感受到它的存在。

☺人們為了遠離塵囂喧鬧的城市，減低工作、家庭的諸多煩惱與壓力，到深山林中尋覓內心短暫的平靜，然而，既然是要尋覓「心內」的平靜，又怎麼可能在「心外」尋覓得到呢？心寧的平靜在心內即可尋得，而不是在於你身處的地方。

☺有智慧的人，在獨處時，會管好自己的心；在人群中，會管好自己的口——謹言慎行。

☺與他人相處時，是謙虛學習的好機會；在個人獨處時，是反思自省的好機會。

☺認識別人容易，認識自己最困難；為自己著想容易，為他人著想很困難。

☺當你懂得「將心比心、換位思考」時，觀察入微、應對進退，生命的真諦便會在每一個地方、每一件事物中向你展現出來。

☺追求寧靜就像一隻蝴蝶，當你伸手抓它時，它會跑的無影無踪、尋覓無門，當你一動也不動的坐著，它便駐足在你肩膀。

☺如果一個人的心態及觀念是正確的，那麼他的行為及世界也就會是正確的；想改變你的世界，首先應該先改變的是你自己的觀念！

☺樂莫大於無憂，苦莫大於多欲，富莫大於知足，貧莫大於貪婪。

☺懂得知足的人找到「快樂」，懂得放下的人找到「自在」。

☺懂得珍惜的人找到「幸福」，懂得放心的人找到「輕鬆」。

☺懂得遺忘的人找到「自由」，懂得關懷的人找到「朋友」。

☺學習放下執著，體驗自在人生，就從現在開始吧！

十一 什麼樣的個性造就什麼樣的人生

每個人都在說修行，結果什麼是修行？有幾個真清楚明瞭了呢？自己是否有細細思量過這個問題，大都認為自從我走修行之後，越來越不順，還沒有修行前反而沒有那麼多問題，走修行之後，諸事不順，什麼事……都是修行所造成的。

這是常聽到一般修行者的反應，但又有幾個人能真正自我反省檢討一下，是修行的問題，還是個人心態上的問題？是因果業障的問題，還是今生口業所造成？是自我安慰式的修行，還是自以為是的修行？是交待式的修行呢？還是自欺欺人的修行？

我們常看到的是別人的缺點、別人的問題、別人的不理解、誤會，但是否曾經捫心自問過，真的是他人的問題？他人所造成的錯誤嗎？自己難道不用負起責任嗎？

修行靈修，他人無法勉強你去修去行，所有決定權還是在於自己本身，沒有人可以五花大綁，綁著你去修行靈修，這是在自己累世、記憶種籽驅使動力下，自己想去圓夢，還是虛榮心的作用下，想去走修行靈修之路？抑或是願力、目標的作用力之下想去修行與圓滿呢？

反省、懺悔、改過，這是學道修行者必經的過程，而且需如實地面對內在的自我，從心而發，從心而省，從心而改，這才是修行的重點。

修正自己的一言一行與起心動念，修正自己的談吐舉止，而不是一味地挑剔他人的毛病，指責新進修行人做的不夠好，必須依著他的方式做才是正確的，那麼這樣的修行者，自我習氣煩惱依舊沒有改變，如何契入真道學修呢？須知，無法見真就無法「修真」。

醒醒吧！別再自欺欺人了，別再倚老賣老了，在這個節骨眼上，不是薑還是老的辣，這種老舊觀念必須調整過來，新新人類的靈源是不容忽視的，去年我們曾經蒞臨內門月慧山觀音禪院，參與南方聖火的法會，遇到一位六十幾歲的師姐，讓我們哭笑不得，她要求妙德老師當下必須讓鳳凰展翅、請鳳凰現出靈駕，而我們身為一個靈乩，怎麼可能依著她如此說，我們就照著做呢？

妙德老師只好請鳳凰來判斷是否靈駕需要啟動呢？鳳凰就傳遞訊息：入境隨俗吧！靈駕演化完之後，該位老靈乩的老師竟然過來跟妙德老師說：「不好意思，請多包涵，她是我的徒弟。」

其實她六十幾歲的靈乩徒弟也還是「生乩」，而這位老師竟然是年僅四十幾歲的靈乩修行者，由此可見，並非薑還是老的辣啊！

所以我們常會說：「後生可畏啊！」要知道現在這世紀的新新人類，其靈源靈脈大都是屬於高靈所化生投胎轉世，所以，不要鄙視後輩的能力，不要看輕任何一個人。如何得到尊重？先尊重他人，然後自己才會得到他人的敬重。

自我先要求自己，先達到自律，是否可以做到「己所不欲，勿施於人」，個人在自我私生活當中是否可以自我約束，而不是在人前人後判若兩人，亦即是「說一套做一套，表裡不一」之人，做人之所以累，是因為戴著虛偽面具，來待人處事！

修行主要的阻礙是在於每個人對於事情的價值觀不同（角色立場不同，無法將心比心），因而產生意見分歧，紛爭不斷，學道修行必須找出我們所在乎、所注重、所無法接受的，無法放下的執著，及如何將心比心站在對方立場看待事情，進而理性地分析他人的意見。

若是建議者意見正確無誤的話，我們必須虛心接受，並且進入自己的潛意識去面對內在負面的情緒，面對它，處理它，然後放下它，既然知道問題的錯誤點，改正並不再犯下同樣的錯誤，這才是學道修行的重點。

須知，反省才是成功的加速器！經常地反省自己，可以去除心中的雜念，可以理性地認識自己，對事物有清晰的判斷，也可以提醒自己改正過失，只有真正的認識自己並付出相應的行動，多一點自我反省精神，才能不斷地完善自己！

要知道，我們所做的事情可能別人會不知道，但是天會知道。做人做事，要用良心來待人處事，與其說是別人讓你痛苦，不如說是自己的修養不夠。待人處事不去欺騙任何人，因為你現在能騙到的人，都只是暫時相信你的人。

但是時間會證明一切，你所做過的事，你所說過的話，因為這一切唯有天知道！做人之所以累，是因為急於表現自己，或者急功近利，沒有做真實的自己，時常戴著虛偽的面具，來待人處事，所以才會覺得，做人做事很累！

既然是戴著虛偽的面具在過生活，那麼如何才能如實的修行呢？一個學道修行人時時都在做著自我欺騙自己的事，然後迷惑著別人的判斷，誤導他人無知造業，而重複做著自欺欺人的事情，如此，無法見真，終究就無法「修真道」矣！

十二 啟靈的原理

一般來說，靈分成兩種，一種是本靈——未啟靈前的靈性，及自己累世的世靈，我們簡稱為朝代靈、靈體、潛意識；一種是他靈，包括外靈、祖靈、纏身靈、共修靈、高級靈、低級靈、地縛靈、鬼魂、一些遊魂的靈等等。

而本靈就是自己的靈（本靈、世靈、朝代靈、靈體）。

每個人的身體裡都有一個「靈性」（未啟靈前稱為靈性，啟靈之後即稱為本靈），然而靈性藏在阿賴耶識裡面，雖生如死，被禁錮於禪心輪，被禁錮的靈不但不能跑出體外，甚至不能在體內四處遊動。

靈體雖被禁錮，是在「沉睡中的靈」，但卻可以依靠神佛的能量，或先天炁之能量加持將靈性喚醒。自發性啟靈是不需借助外力的加持——自然的甦醒、自然啟靈。幫靈體甦醒使其解脫束縛，如此本靈則可遊行身中，而這種神靈的突破禁錮，就叫做「啟靈」。

很多人始終無法成功啟靈，究其原因，有可能是業障較深重，還有就是心性尚未調整好，不適合啟靈！師尊認為，罪業深重的人要想啟動本靈，就得先清淨業力，故應多造善功，先行功立德再來淨化靈體、轉化心性，之後才能真正的啟靈！

練靈——築基三年

啟靈後的下一步，就是築基。

啟靈後的人，身體內靈體如電一般，由心意產生頻率，四肢百骸是靈體該訓練的第一課程（簡稱為訓體），若不知練靈的程序，可祈求外在的靈來指導我們，而這個指導的靈就是「指導守護靈」，又稱「靈師、指導靈」。

靈師在冥冥之中會指導靈子修行的方法，把修行者的身體鍛練得非常健康，而鍛鍊的過程便稱之為「訓體」。倘若一個體弱多病的人想學道修行，一定得從消舊業、化解因果業障、行功立德開始做起，累積足夠的資糧後，身體、命運、運勢才會開始漸漸平順！

修行者須清楚明瞭，啟靈了就是開始累世的因果總清算，倘若累生累世有欠人家的該還，還是要用歡喜心去做、去還，這就是為何走入修行、靈修的人，都常會被磨得很苦的原因，因為大都不得法，種錯福田，才會盲修瞎練！

修行練功一定要從「築基」開始著手，訓體強身可消除百病之體，妙德老師本身當初也是體弱多病，更是藉由訓體來改善身體的各種毛病！自己能夠治療自身的毛病，其效果甚為驚人！

但是築基不簡單，必須要有耐心、毅力、恆心才能成功，築基的過程會很乏味，甚至會讓你感覺不到進展，但是只要你能夠持之以恆，再加上引導師「有形師」的指導，按步就班的修煉，假以時日定能修出一個好成績的！

靈子學修期間經歷種種的考關、歷劫、行功、立德、佈道、傳道，在通過無形師、指導靈師的審核考驗之後，靈格就能一階階提昇！啟靈過的人若念力一動，便可產生靈動，念力一停，靈動亦馬上停止，手足、全身可自由控制。

我們在啟靈、練靈的過程中，意識絕對都必須是清清楚楚，在操練靈駕與訓體的過程中，會接收到宇宙的能量，這也就是為何訓體能強健體魄的原因！

但是有人在操練靈駕的時候，會運用自己的意識去做動作，這樣練靈的效果會比較差，因此操練靈駕時一定要完全讓靈師帶著你做。練靈、訓體的目的，就是要擴張經絡打開穴道，讓氣血循環的速度更快。

操練靈駕的方法並非每個人都相同，在練靈之後，有的人會出汗，有的人不會，有的人動得很激烈，但也有人不會，而只是輕微的顫動，我們稱之為氣動！

一般而言，男眾與女眾的指導靈不同，因為女修行者的動作不會太激烈，基於體能方面的因素，因此大部分會比較偏向瑜珈術與舞蹈的動作，但亦有練劍、打拳等動作，男修行者則會打拳、武術，或做出蓮花步等動作，因為指導靈會更換，當我們自身本靈的程度一直在提昇的時候，帶領我們的靈師、指導靈之層級也會一直往上提昇。

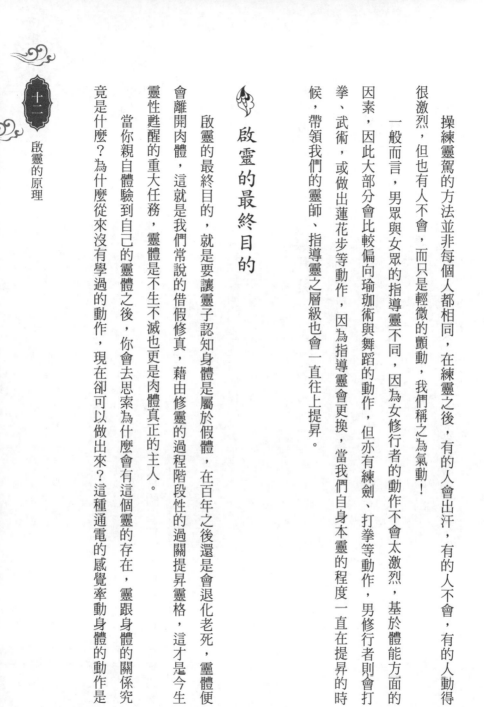

啟靈的最終目的

啟靈的最終目的，就是要讓靈子認知身體是屬於假體，在百年之後還是會退化老死，靈體便會離開肉體，這就是我們常說的借假修真，藉由修靈的過程階段性的過關提昇靈格，這才是今生靈性甦醒的重大任務，靈體是不生不滅也更是肉體真正的主人。

當你親自體驗到自己的靈體之後，你會去思索為什麼會有這個靈的存在，靈跟身體的關係究竟是什麼？為什麼從來沒有學過的動作，現在卻可以做出來？這種通電的感覺牽動身體的動作是很明確的，而且是在意識很清醒的情況下，去做操練與演化，此後，很自然地你會往另一種思考方向去作探詢！

啟靈就像一個嬰兒出生，練靈就像在培養小孩，在它成長的過程中，你要給它一整套的學習，而道學、佛學的經典、善書、個案就能給予最好的教導。

再持續不斷練習一、二年的訓體（動功），靜坐、禪坐（靜功），把基礎打好之後，再來閱讀佛學、道學的經典，就較容易明瞭書中所要闡述的重點！

啟靈的禁忌與規矩

啟靈的目的，是為了要訓練自己的身體、喚醒靈的靈敏度。

然而有些人在啟靈的時候，滿腦子都想要「通」，這是非常危險的，因為一旦動了這個念頭，就會讓一些外靈（如冤親債主、祖靈、遊魂等靈）有機可乘。如果啟靈、練靈時一心想通靈，就容易陷入顛倒妄想的境界，此時就會有一些不可思議的狀況出現。

一般而言，正常的正神、指導靈來的時候，會先教導我們築基，讓靈子們的身、心、靈都能夠達到較高層次的層級，但是冤親債主、祖靈或低級靈則不管那麼多，當顛倒妄想的意念一起時，這些低級靈的機會就來了，而當它一來就會開始吸收你的正能量，因此啟靈乃至練靈、訓體，皆應抱持著正心正念的心態去學習、訓體、受訓！

練氣時靈氣經由禪心輪開發之後，身體自然會產生氣動，我們應安住在呼吸上的吐納來做配合，遇到病痛之處，也會自然產生靈療的作用。所以我們在練靈（禪坐）的過程中，只能有一個念頭，就是為了練身體，進而恢復、提昇靈的頻率，提昇它的覺知！

因此剛開始練靈的時候，最好是在引導師或同修的守護下進行練靈才是較安全的，有些人在操練靈駕的過程中，突然發生唸唸有詞、哭得很傷心，或是吟唱歌劇等情形，那都是純屬於個案，並不是每個人都會有這些現象！

妙德老師所帶領的靈駕當中，就有較特殊的案例：在二〇一四年五月初，宮裡服務師姐的孫女（十二歲），因連續發燒退燒一個星期未見好轉，妙德老師請示主神準提佛母後，得知小女孩的現象是典型的靈逼體，需要馬上幫她啟靈！

妙德老師幫助小女孩啟靈的過程，雖然只有短短的三十分鐘左右，卻是一個靈性甦醒的轉捩點。啟靈之後小女孩就開啟三界法眼，初階她能看到無形界，現在已可以看到人身上的能量光及穢氣，也就是我們常說的「開啟累世的潛能」。小女孩啟靈後講的第一句話：「感覺好像又活過來了！」

而「啟靈」的成功與否，端看個人的因緣與功德是否具足，應順其自然，不要去強求。同時要護住自己的心念，秉持正心正念的態度才是最重要的。

畢竟，這世間法的種種，還是一種有為法，唯有在勝義諦中安住在清淨的本性，究竟離苦得樂，明心見性的頓悟法門，才是根本的解脫之道。（勝義諦：世間的道理稱為世俗諦，超越世間的道理簡稱為勝義諦！）

啟靈不是附身

「啟靈」不是「附身」，這是一個很重要的觀念，這與「乩童」請神靈降身，或所謂被靈「占舍」附身是完全不同的。「啟靈」最主要在啟動自己的「靈覺」，藉由高靈的幫助喚起「靈覺」，產生氣動，進而達到強身健體的效果。

而「靈媒」或「乩童」被附靈時，可以了解他／她們僅僅是人與靈界交流的一個媒介。一般來說，當神靈來降乩童身時，乩童自己本身無法控制且神識退開，他開口說什麼、做了什麼，乩童本人完全不知（這是屬於神靈降十分駕）。

但是在啟靈、練靈的過程中，意識絕對都是清清楚楚的。操練靈駕時，是由靈師、指導靈帶著我們的本靈來做動作，要知道練靈的主體是「我」，指導靈只是一個指導的角色，當靈子想停止的時候，隨時都可以停止。

所以，啟靈絕對不是附身。想要啟靈的人，首先必須要具有良好的品德、正心、正念，亦不可抱持戲謔的態度來嘗試之！

摘錄自：妙心隨意窩，2011.08.29

十三 無形師&老師（明師）

常言道：「師父引進門修行在個人。」修道、修行、靈修經入門師指導一段時日後，了解天命靈修的重要性，並了解修行的基本要領之後，就需自我要求努力精進，不能再完全依賴入門師。不要遇到大小事情或困難，都要事事請教老師，建議你多閱讀已證道仙佛的經典、善知識，並且藉由靜修當中提昇自己的智慧，以尋找處理事情的答案，並試著朝向開悟、淺悟、漸悟、頓悟的方向努力精進不懈。

一般人以為天命靈修中與神靈接觸，必然會有奇妙的感官接觸。事實不然，天命靈師（無形師）是依循修行者的根基、根器，而做不同方式的指點與引導。這過程中會有色彩繽紛令人目不暇給的境相（靜坐中影片、幻燈片看不完）、有時也會淡如白水，讓人不覺其異度空間的存在。

但是在與靈界接觸的過程中，雖然覺得不可思議的正確性，也不要因此以為這位神靈必然神通廣大，其實靈界諸多神靈可以從靈界，或是我們靈體中獲得資訊，在超越一定的範圍之外，就未必會完全正確了，希望靈子們能夠明瞭到這一要點。

要不是我們從小就已經被塞入許多不必要的東西（資訊），我們也可以靈感充分的。許多人都有相同的疑惑，同樣的問題請教不同的無形師，會出現不同的答案，甚至是矛盾的答案。但是為何會如此呢？這是請教者與天命靈師的因果關係，導致天命靈師（無形師）在尋求答案時，因管道不同而有不同的答案。另外通靈者本身靈格的層次，也會影響訊息的正確度。

通靈者是根據其天職（使命）、願力、修行的深度而展現出不同的層次。層次越高者其提供訊息的天命靈師層次亦會更高，反之，即使祂顯相神佛、菩薩，或大羅金仙也是一樣的（光靠顯相是無法瞭解神佛、菩薩的境界層級的）。

例如，孫悟空所化生的原靈，祂就擁有與孫悟空相同的變幻化身之術（七十二變），但在查事方面就未必會有鬥戰聖佛的神通力了。這是我們的親身體驗，所以一樣是齊天大聖的神尊，其境界層級還是相差十萬八千里呢！

更何況「佛與大羅金仙」都已經脫離因果輪迴，又怎會下來淌這混水呢？我們的學道修行層次還未到位，怎麼能夠牽引到那麼高層次的天神呢？所以從靈界傳來的資訊，也是需要經過印證與過濾的。

很多通靈者在初期都會依賴人師（老師、明師），等修行積累到相當火候，便慢慢的對人師（老師、明師）的指導產生意見，漸漸的會感覺自己的層次似乎已經超越人師（明師）。那麼是師父留一手，還是師徒只是因果關係，今生先來當老師，世世循環，還是該另外再找尋更高明的老師或明師？所以不管自覺修到何種層次，有人師、老師的督促、質疑、指點，更能從各個角度發現自己所看不到的缺失過錯。

否則一旦目中無人，只聽取靈界選擇性的訊息，人大多會選擇自己喜歡的才聽得進去，走到最後想不著魔也難啊！當你聽到有人說道「沒有人師、老師的教導而會自通，還會保持謙虛的態度」，那如果不是裝出來的，就非常難能可貴了。

不管是人師（老師）或天命靈師（無形師）的指導，都要經過基本自然法則的體驗與印證（這是實驗階段）。但是自然法則也各有不同的說法，最後僅能依據自己內心的共鳴度來取決所驗證到的階段。

因此修行的進程幾乎是沒有捷徑的，還是需記取基本學道修行原則，精進再精進，努力不懈怠，一步一腳印。想要有捷徑，就是當老師的說法。與你的觀念不合時，還是必須捨棄自己的我執，而就明師、法師、天人師，堅持修煉道程。

十四 該用怎樣的心態來看待問事？

為何無法解開心結走不出陰霾？身心靈為何老是受著煎熬？肉體為何受著病魔折磨？婚姻家庭運勢為何不順？工作事業老是阻礙重重？如何促進個人之人際關係？究竟為了何事諮詢問事？難道真的是無解嗎？

我們必須換位思考一下（將心比心），站在問事者的立場慎重來看待諮詢問事的事項，身為神職人員、服務人員，必須為自己所說過的任何一句話負起責任，話不能隨意亂講，開辦聖事非同兒戲！

在辦事過程中神職人員、服務人員所講的話，上界神佛、神尊可是會以此作為評比，以鑑定身為神職人員、服務人員在任何時間、場合的言行舉止，是否都能符合上界的標準與資格，是否能達到「嚴以律己、寬以待人」。

求神、問事、祭解、收驚，甚至解三世因果等等，都是我們在日常生活當中，已經發生問題而造成心靈的困擾，常會藉此來求助於神佛，希望能夠求得解決方法或是化解自身的難關。

但是，要清楚明瞭自己的問題，若是已經得到答案之後，還是需要力求改變，亦即是神佛菩薩已指出明路後，必須透過解決（化解）方式，盡全力去執行，務必達到預定之目標，如此，方是長久之計。

否則，若待權衡時機已過，冤親債主或者病體的問題，等不及當事者漫不經心地，拖著疲憊病痛的身軀，而漠視神佛菩薩所交代的任務，未去完成，抱著能有奇蹟事出現的期待，那麼祂若是再變本加厲的加以討報，其後果將不堪設想。

如果僅是靈逼體的問題，則比較單純，一般來說，知道事情的來龍去脈，其實都不是無解，除非你想跟祂唱反調，不想順應自己的天命，如此，身為神職人員的我們，也只能袖手旁觀，並不會介入靈體與肉體的戰爭，因為這時間拖久了，靈逼體會變成靈光病，假病會變成真病。

須知，何謂天機？在尚未顯現之前，即有潛伏的時機（隱性潛伏期），但在顯現之後，即不再屬於天機。

在因果業力顯現討報之前都會有所謂的警惕期，提醒靈子修士要去多留意因果業障的這個區塊，但是，我們人類通常都會把事情想得太美好，沒有危機意識，時常都會錯過被索討轉圜的時機，已喪失黃金時期，因此而錯失良機。

所以，在此語重心長地提醒靈子修士，得道有四難：一、人身難得；二、中土難生；三、明師難遇；四、真道難逢。如今這四難我們都已得到或者已遇到了，若還不懂得珍惜今生這學道修行良機，那豈不是太對不起自己。

常言道：「人心境界遠，百世修煉深，心靈常駐善意持，覺悟人生百世修。」禪意就是一種心靈間的美，寧靜淡泊的心要有所歸屬。佛度慈航，禪意滋生，佛渡有緣人，靜心洗凡塵！緣起自然而聚，緣滅淡似雲煙而散。把握當下！珍惜善緣！真心接受逆增上緣，今能相聚乃前世種因今世嚐果也。「欲知前世因，今生受著是；欲知來世果，今生作著是」，前世因、今世果說得真是一點也不虛假，在查看三世因果的過程中，發現到原來我們都是今生的「自編自導自演的主角」，累生累世都是自導自演，每一部人生戲碼的精湛演出。

前賢大德時常提醒學修靈子，常作懺悔、反省、改過的動作，自我省思的改造，才能發現問題的重點，而遇到事情不是一味地指責別人，責怪他人的過錯，從來不往內在作反省改過，如此，如何在道業上能夠有所提昇與成就呢？

問事求助求解套時，也不能什麼都不作改變與修正，而指望神佛幫助你一臂之力，化解問題與難關吧？因果業力法則中有一句名言：「神佛的神通力再大也抵不過因果業力的討報」、「無功無德，何德何能，總不能要神佛菩薩都代你概括承受吧！」

所以，我們是否該重新思考一下，如何面對諮詢問事的這個切身問題？試想，神職人員僅是神佛的代言人、傳聲筒、翻譯機，但是我們畢竟還是人不是神，所以，還是需要有活到老學到老的精神，不能完全依賴神佛，且不能離開神佛。

這麼講有點矛盾，但是，只要經歷過的人就會瞭解我現在所要表達的意思，這也就是說：學道修行所要修得有所成長的即是今生的本靈，而累世的世靈（自己的朝代靈），祂之所以會甦醒過來，主要是因為過去生的功課未達圓滿。

今生只要補修過去世的種種不足之處，及複習過去所學的功課，再來行功立德、積累功德、還清宿怨、清償業障、圓滿願力、回天繳旨，再來就只剩下今生本靈的學修功課——六度萬行：佈施、持戒、忍辱、精進、禪定、般若。

布施↓度慳貪。持戒↓度毀犯。忍辱↓度瞋恚。精進↓度懈怠。禪定↓度散亂。智慧↓度愚癡。

這六度修行圓滿，才能開悟、漸悟、淺悟、頓悟。

修行的成長

「逆境中沒有瞋怒，也能歡喜；順境中也不貪戀，亦能放下。」

「人間一切逆境皆是成佛增上緣；天上一切妙境皆是志士逍遙地。」

「見人不是處，返觀以自省；見人私偏處，返觀以自律；見人過分處，返觀以自戒。」

俗話講：「人在江湖，身不由己」，明知自己是來修行來了願，卻糊裡糊塗跟著「世俗潮流」過日子。要知道，生死輪迴的時間愈長，所累積輪迴的力量就愈大，在世間所造的業力就叫做「輪迴業力」，也稱之為「輪迴力量」。

這股輪迴力量：「讓六道輪迴眾生習慣造業，習慣走原來的路」，只因習慣已成自然了。諸佛菩薩一再呼籲大家：「在下一次輪迴還沒有完全定局之前，這個時機你一定要契入學道修行（修真）。

我們在修道、辦道、修行當中有德纔有功，德者福之源也，德不立則福不至，道必須以德來培，古今聖賢皆以立德利人為事也。修道就是修內德，要我們藉假修真，去濁歸清，改毛病去脾氣，變化氣質，恢復本性（天性）。

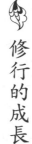

十五 自然力、加持力或壓迫力喚醒之區別

我們常會遇到許多前輩、師兄、師姐在剛見第一次面的時候，都自稱覺得與我們似曾相識，彷彿像老朋友般地熟悉親切，也曾經有人剛一會面，還未開口說話，眼淚竟情不自禁的掉了下來，而有些人更是嚎啕大哭，久久不能平復。這是先天靈相互交會之後，所產生的靈觸、靈動。

神職人員經由神佛菩薩的啟發，幫助想要「認主神」的靈子，請來他前世的「無形師」或「主神」，「無形師、靈主、主神」一旦降臨，立刻「喚醒」對方潛藏於腦中的「先天靈」，先天靈一旦見到「無形師」、「靈主」、「主神」，自然而然真情流露，天上人間和累世所受到的委屈和痛苦，一瞬間全給引發出來，淚水就會忍不住如瀑布般的傾瀉而下。

這些人的先天靈相當特殊，都是帶有「天職、天命」降凡在人間的靈子，而古聖先賢所留下來的證道經典、善知識，等於是一把鑰匙，為大家開啟了「方便之門」。凡是「因緣具足」之人，自然會有前輩啟發你的「靈力」，帶領你進入靈界領域，去瞭解你累世的因果業障。這就是所謂的「喚醒—啟靈」。

然而「喚醒靈性—啟靈」又因累世因果關係而區分為「自然力喚醒」、「加持力喚醒」，以及「壓迫力喚醒」之啟靈的三種類別。

然而什麼是「自然力啟靈」、「加持力啟靈」和「壓迫力啟靈」呢？

當「先天靈」、「普通靈」、「動物靈」等等，不管它用什麼方式來到凡間投胎轉世，靈體在與肉體相結合的那一瞬間，會因各人的因果關係，而啟動自我保護意識的機制，就會適時展開運作。

因「靈」有了肉體，它的累世記憶晶體，就會嵌入大腦內部。具有較高能量而銜天命下凡的「先天靈」，這時的記憶訊息是呈現全面開放式的，「先天靈」胎兒在母體著床期間，一邊須適應環境和學習，一邊隨時接收來自「天界」的訊息，與「主神」保持連繫。在此時期，我們稱它為「待機狀態」。

普通靈與動物靈，因為很多是受到懲罰而來投胎轉世的，它的記憶是呈現半開放式的狀態。普通靈的胎兒在母體胎盤中，雖然也同樣的在適應新環境和學習，可是因能量不足的關係，很難與「天界」溝通，尤其是動物靈，根本無法發射出求救的訊號和接收到任何靈界傳來的訊息。

當胎兒一旦脫離母體，探出頭來的那一剎那，因大地極地磁場和大氣壓力的關係，嵌在腦部的記憶晶體，就會產生自然反應，迅即啟動自我保護系統，將記憶體緊緊裹住，緊縮在腦部深藏的最內層。

累世記憶從此受到嚴密保護，從而暫時封閉。這就是現代人所說的「潛藏在腦中的生命意識基因體」，亦簡稱為「深層」或「潛意識」，佛家則稱它為「第八識：阿賴耶識」。

累世記憶體雖深藏腦部內頁，但是經過不久後，它卻會自動伸出「觸角」來記錄新的事物。我們稱它為「淺層記憶意識容量體」，簡稱為「淺意識」或「表層意識」。

它與潛意識只隔了一層薄膜，開啟這層薄膜，使之表裡相通，謂之「喚醒—啟靈」。喚醒看似簡單，但充滿變數，因為前世記憶一旦打開，若是心理建設不足（心性尚未調整），則容易導致走火入魔。

也就是說如果沒有做好心理準備，隨時調整腳步，會因為過分迷戀過去（過去世），而忘記自己仍然是個凡人，是活在當下這個世界的一位凡夫俗子，既不能飛，又沒有法力，那時就會產生以下兩種狀況：

一、會覺得自己與眾不同，與人相處，自以為過去世地位崇高，而不肯接受別人的意見，甚至做出反常的行為，也因為太過於執著過去世的種種記憶，而無法接受現實，致使親友逐漸疏離，長官與部屬敬而遠之，陷自己於重重阻礙之中。

二、則是自我感覺原本在過去世中，法力高強、地位尊貴，今世卻落得如此狼狽不堪，處處受限，覺得人生乏味，事事都想不開，而增添無限煩惱，阻礙了今生的發展。

因此，我們在幫助靈子啟靈之前，皆語重心長的呼籲大家，在「靈」被喚醒之前，必須要記得先調適好自己，別執著於過去世，要能把過去的優點、潛能充份發揮出來，並將累世的缺點和過失，誠心反省、懺悔、改過和彌補。

亦即重修課程、補修累世的種種不足，與不圓滿之處來作調整與改善，唯有如此，記憶被喚醒才會變得更有意義。因為這樣才能夠將負面能量成功地轉化為正能量，化劣勢為優勢，轉逆境成為順境，化阻礙為助力。

以期大家都能事業和家庭雙雙圓滿，所以，不管你前世的記憶，是用以下哪種方式被喚醒的，請記住我們以上的這段誠摯的叮嚀。

(1)自然力所喚醒

一般來說，人在嬰兒時期比較容易接受得到靈界傳來的訊息，因為這個時候他們的天靈蓋，尚未完全封閉，只是降生到一個完全陌生的新環境，語言上的隔閡，是阻礙溝通最大的主因，他們無法將接收到的訊息適時的明講出來，只好把它植入記憶內層，或想用肢體語言來表達其意思，大人往往疏忽了這一點。

其實這嬰兒是跨越另一度時空，來到這個凡界的異度時空，而形成了正逆差，一時無法適應所造成的短暫現象。這種情形就像是我們剛到美國或南美洲地區，兩地之間有所謂的「時差」困擾是一模一樣的。

接下來隨著歲月的成長，天靈蓋逐漸堅固穩定，前世的記憶雖然已經內縮深藏，但新的「觸角」，仍然能斷斷續續的接收到靈界發出的訊號，直到肉體成長到某一個程度，因身心受繁瑣的凡塵俗事所干擾，而斷訊。

但也有一些較為特殊的例子，這就要視個人前世修持的能量強弱與根基深淺而定了，也就是說端看此人靈格的成就而言。

通常來講，能保有第三隻眼（俗稱陰陽眼，天眼，或三界法眼）的人較多，而能保持與靈界溝通的人較少。保有前世記憶，又能接收到靈界訊息與之溝通者，相對的，更是少之又少。

這些保有較強能量的人，他的靈格，大部分屬於「先天靈格」。在嬰兒時期，他們的腦波頻率是呈半封閉式的，所以能源源不絕地接收來自靈界發出的各種訊息，只是語言上的隔閡，無法轉譯出來而暫時儲存在腦中的記憶晶體之中，伺機而動。

這種現象會持續到就學前後，尤其是在剛學會母語之後，他們的表現，往往會令人感到既驚訝又頭疼。這些人，我們通稱他為「通靈人士」，簡稱為「通靈人」或「靈媒」。

通靈人，通常自嬰兒時期就保有與靈界互通訊息的特殊管道，這是靈子與他的「前世主神」，以及本身之前在天界的成就而賦予的「特異功能」。對於前世記憶的開啟，謂之「自然力所喚醒」，其乃「自然成就」之意。

這些通靈人士，因有了特殊的能量，便可以藉此能量經由肉體內的靈與靈界溝通，而從靈界獲得各種訊息，所以通靈人的靈，比一般人的靈，能量較強，也比較靈活。

只要獲得天界（靈界）的授權或許可，就可以將獲知的訊息，直接轉達或翻譯出來，來為世人指點迷津或從事濟世度人的工作。

若未獲得同意而轉譯者，會被視為「洩露天機」而遭受到懲罰，這就是許多人，與生具有靈通能力，長大後一生所遭遇的挫折，比常人來得多的真正原因，甚至更有的通靈人，前程充滿了荊棘，處處碰壁與阻礙重重。

(2) 加持力所喚醒

經由加持力所喚醒前世記憶的人，其本人不一定是與生具來就有了靈通力的「先天靈格」，普通靈也可以辦得到，只是比通靈人來得辛苦。不但要靠本身的不斷努力精進，更重要的是要有上師的指點迷津，或是前世主神的關照。

在顯教來講，所謂的「加持」，就是要加強持誦經文和咒語，來增加自身的功力，以期進入某一高層的境界。在密教中，除了勤加持誦經咒以外，還必須經過上師的灌頂加持、傳承和指點，才能進入「天人合一」的最高境界。

道教則認為不但需要明師的指點和傳授，也要靠本身不斷的努力修行與修煉，以及得到神佛的關愛，才能增強自身的功力。這些都是所謂的加持力。

但無論你是自修或經由上師、靈界的加持，來增進本身的能量，進而開啟前世記憶，或能與靈界產生互動，獲知各種訊息，因為是藉由加持、加強修行而得來的結果，所以皆統稱為「加持力所喚醒」。

(3)壓迫力所喚醒

人類的潛在意識是不容小覷的，它一旦被激發出來，會產生令人不可思議的能量。這種能量，因為是受到刺激而被誘發的，我們稱它為「壓迫力式的喚醒」。

這種喚醒前世記憶的方式，大都是在極短暫時間被強大的能量強制貫通的，所以也可叫做「頓然醒悟」，這與佛教所說的聞法即悟即頓悟的意思，有異曲同工之妙。頓悟，即無師獨悟，為禪宗六祖惠能所提倡。

《六祖壇經》記載說：六祖惠能未出家前，生活清苦，以賣柴為生。有一天，客人買柴，使令送至客店。惠能拿到了錢，正要走出店門，見一客正在誦經，當聽到「不應住色生心，應無所住而生其心」時，隨即觸動心弦，當下立刻有所開悟。

六祖惠能因誦經聲，而觸動他的靈力，喚醒其腦海中沉睡已久的潛意識，因此打開前世記憶，明白了累世因果，深覺過去世，必有大因緣，於是下定決心，前往黃梅東禪寺向五祖弘忍大師求法。圓滿成就為一代宗師。

這種觸動心弦喚醒前世記憶的現象，是音波頻率刺激腦波，「觸角」受此壓迫，造成震動，迫使隔膜強制貫穿，而啟動連線機制所造成的超自然現象。這種現象往往發生在先天靈格且帶有天命的靈子身上。

據醫學記載，有許多人在發生重大車禍，或經歷過一場大災難，生命遭到嚴重威脅，或在危急存亡，生死攸關之際，先天靈受到此刺激，強大的壓力立即貫穿隔閡薄膜，而本靈為了避開劫難，會迅速反應，釋放出某種能量，然後伺機逃離肉體，這個時候前世今生的記憶，立即聯通，快速地自我檢視自己今生的一切功與過，等候靈界使者的到來。

許多從死亡邊緣重返人間的人，會因此成為通靈人，這就是所謂的因「壓迫力而喚醒前世記憶」的體驗。但不是指人人皆是如此，而是要看他先天靈格的能量級別而定。

摘錄自：妙心隨意窩，2011.07.27

十六 靈修的階段和成長各是什麼？

靈修沒有一定的定義，每個人的成長都會有所不同，若要區分階段用比較白話的方式來說，就像嬰兒學爬、學走路一樣，這種感覺只有你自己最清楚有否成長，別人從外在無法區分你成長的階段，更無法用語言來完整地詮釋它。

我無法回答你靈修的階段跟成長，那是要自身去經歷跟體悟的，但可以簡單告訴你修持的方法，就是本質不變。像水一樣，外在可柔軟可堅毅，百般淨化與轉化，但到底來說本體也只是水，永不改變學習「上善若水」的優雅。

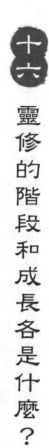

靈修對一個人的改變是什麼？

簡單一點的解釋，「心」跟「靈」這兩個字是相互關聯的，靈修比較不帶宗教色彩的方式解釋就是「修心與修靈」，「修心」是一種過程，他會讓你不斷成長、不斷超越，永無止境地延續下去。

而在「修心」的過程中你會慢慢的學會放下、心靜、心定，真正的達到捨己為人、無我，不再執著、不再計較、不聽是非、不批評他人。但我們在塵世凡間中，都會有感情與感覺，包括喜、怒、哀、樂等等。

你將會在所謂的靈修中，慢慢地看到平靜，看待事情的態度也會越來越深遠，但是你也會不斷的被自身的感覺所影響。

簡單的說，這一切都是無形上心靈的改變，無法用言詞形容，外在的形象無法判定修心的定義。想比較明白的話，多閱讀《心經》、多多參悟吧！這種改變只有切身最清楚明瞭，他人是無法定論的。

靈修者的婚姻是不是比較晚來？

婚姻是一種緣分，用平常心去看待，若你要靈修跟婚姻同時共存是會很辛苦的（必須要在修煉、學修當中修鍊出智慧來）。這種事也沒有標準的答案，不過通常有在修的人，其婚姻真的會比較艱辛唷！

靈修者的磁場會是怎麼樣呢？

磁場會比較敏感，剛開始會感應到很多低階的靈體，慢慢層次提昇後，你會感應到神尊、仙佛菩薩，祂們就像人一樣，不會全是要幫助你的，也會有誘惑與假象。修到一個階段後，你慢慢地會有所體悟。

超越權限內的任何事物，千萬別插手去管（無論是有形事或是無形界之事務），我們本身就是在修心，只要保持善良的心靈，盡量讓自己以平常心看待事情，有時候太在乎一些無形的事物，是會被影響到，很容易走火入魔！

為什麼要靈修？

就是修自己的心跟靈！真正的靈修是沒有任何目的的，一旦你開始要求就會回到原點。剛開始靈修可能就是想擺脫輪迴，或是被某些宗教影響，但是到了最後你的靈格慢慢提昇，也許就像一般世人所說的生發「菩薩心」。

但是真正等到你有菩薩心時，真正的「菩薩」是會捨己為人的，他只懂付出、愛、關心；你一開始接觸到這個會有疑問，可是久了你就會發現其實這一切本來就都是沒有原因的，反正你的靈所給你的感覺就是必須該這麼做。

靈修真的好嗎？

這就是「靈性」的一種提昇，你身邊的人會越來越喜歡你，就算你遇到挫折，別人也會幫你。沒有人會排擠一個開心果的，但你也會發現越來越少人能夠了解你、理解你，相對的了解你的人都願意當你一輩子的朋友。

你接觸的人也會越來越有智慧，你也會慢慢地修出智慧！你慢慢就會明白、看淡很多事，你的憎恨心會越來越減少，心裡也會常保開心、平靜、祥和。那是一種堅毅、一種幸福，你要經歷過就會明白。

一般人對於靈修有什麼樣子的看法、會怕靈修者嗎？

基本上應該是受歡迎的，不過我在用詞上不會說宗教、靈修，我會說我們要修心、修靈，以端正自己的心靈跟外在的行為，盡量不談及宗教以保持中立。

多閱讀一些經典、善知識，應該就會知道，不是看了經典就叫修，修是要你修內在的心跟靈，保持善良與純真，所以我不會被無神論者排擠，也不會被任何宗教排擠，因為修心、修靈就是把好的東西拿來用，拿來改正與落實。

宗教只是一種形式，基本上別人多會有很多觀點，不一定都是好的想法，但是若用這種方式修行，人家絕不會把你當怪物看待。

靈修對於身、心、靈有什麼樣子的改變？

上述都已經提過，就是改變你的個性、脾氣、習氣，讓你的本質更加純善，那種美是由內而外散發出來的自信，可以說你變得慈眉善目，也可以說你變得越來越年輕，煩惱少了自然人就漂亮！（基本上心跟靈的本質是相同的。）

靈修的人是不是比較敏感？

剛開始的確是，而且你很容易看到阿飄（無形遊魂），修的好就能慢慢地學會自我控制，也可以感應到神明、神佛的存在。不過也會有一些福利，像是預知能力、接觸天機這一類的事情，你也會慢慢地接觸到。

但有時也常會被假象所引誘，這是在考驗身為靈子的你是否已經起了貪求之心，是否能夠做到自我約束以「嚴以律己、寬以待人」，來待人處事，體驗多了你就能夠清楚上界所給的考關，是一種歷練也更是一種考驗。

總之那一種過程，你可以靠「修心跟修靈」，讓你想經歷的過程越來越符合你想要的結果，藉由修煉可以改變體質，與增加自身的防護網（金剛護體），藉由修煉的過程能力提昇，漸漸的也可以控制這樣的敏感體質。

摘錄自：妙心隨意窩，2012.11.06

十七 修心與修靈

靈修乃是修我們先天的本性與後天的本命，先天的本靈與後天的肉體同修，其目的在於修我們的慈悲心、精進自己，並利益眾生，使人與人之間的相處更為圓融、圓滿，增長福慧。靈子亦可藉由修行得到靈格提昇、復古收圓。

為何要靈修？人是靈性的動物，人乃肉體及靈性所組合而成。靈降下凡塵投胎轉世來到人間後，靈性卻因受到環境及各種物慾所蒙蔽，而逐漸迷失本性，無法覺悟自己的本靈從何而來，又該歸回何處？

加上我們累世因果，一切業障、冤親債主的催討，未能歸還，一直沉淪於四生六道輪迴之中，造成無法解脫。靈修之主要目的在於行功積德，以功德來迴向給累世冤親債主、共修靈等等，以消除我們累世的因果業障，進而以證道果。

何謂靈山？我們一般人講地理風水，而仙佛說的是地理的靈氣，也因此有很多宮廟選擇建築在山上，在此並非說建在平地的廟就沒有靈氣喔！

就是地理風水的靈氣稱之為「靈山」，我們到宮廟去與有緣的仙佛菩薩會面，接近仙佛的靈氣，就是「會靈山」，這就是我們一般所稱的「靈山」。

何謂因果業障？因果業障就是我們累生累世的所做所為，有損害到他人，因此造成對他人的虧欠與傷害，譬如，我們向他人借錢是因，未還給人家，現在給債主碰上了，債主要我們還錢，這就是果，簡稱因果。積欠對方的那個人，也就是債主，現在人家要向我們催討債務，一天到晚逼得很緊，產生心煩氣躁，心靈非常的難過，這也就是所謂的業障。

為何要行功積德？太上老君的《太上感應篇》裡面說：「欲成天仙者當立壹仟參佰善，欲成地仙者當立參佰善。」由此可知行功立德之重要性，我們行功積德，非但可以彌補過去累生累世的因果業障，而且多出來的功德累積到壹仟參佰善則可成天仙，累積參佰善亦可成為地仙，即使沒有累積到參佰善，亦可增加自己的福報，或留給自己的子孫，這也就是「祖宗有德」。

如何消除因果與業障？我們可請無形的仙佛菩薩來為我們做主，向冤親債主請求暫時停止搜債（討報），待我們行功立德之後，再來迴向（還）給祂們，以彌補我們的前非。

那麼我們的師尊從何而來？這是學道修行靈修者很重要的一個課題，因為師尊在我們學道、修行的過程當中，扮演著指導與監督靈子們學修的角色，並且可做為學子的後盾，教導靈子修士們，督促學道修子能夠更加精進，如開靈文、演法、渡化、普化等等。

在剛開始修持時可能我們並不清楚，對祂也沒有什麼特別的感覺，待你道功累積到一定的程度後，便會感覺祂的存在，慢慢的也會讓你知道祂是何方神聖了！

當你知道祂是何方神聖的時候，接著也就是要開始進行拜師（無形師）的時候，祂就是指導我們一輩子靈修的師尊（指導靈師），開靈文、演法……，只要心存正念、尊師重道，祂都會為我們做主的，每個人的師尊都不一樣，無需強求隨順因緣吧！

我們之所以無法接收到無形師的教導、牽引，不在於祂們（主神、仙師、無形師）願不願意教導，而是在於我們是否願意真正的、腳踏實地看待本身的心性。當我們走在靈修道路時，是否常常的提醒自己要「不斷地觀照自己的心」？

佛道雙修，雖然名相及教導方式不同，但我相信「萬法歸一」，兩種看似迥然的教義，最終仍然是走向殊途同歸。想要在靈修路上找回靈脈，最終要習慣靈修「沒有地圖」，是無法按表操課的。假使「文字」可以解決靈修問題，佛陀又何必講經說法四十餘年，仍舊是繞著「人性」兩字呢！

靈修路上所發生的一切，最終仍是回歸到內心的問題，在靈修的路上，五識所吸引的一切皆是概念性，若未曾真正深入內心地體悟，常常會令我們昇起貢高我慢之心，而要真正地「確信」是否抱持正心正念踏在靈修路上，則是必須經過一連串地實修與體驗，一切聽從師尊（無形指導靈師）的指導，一步一步向上成長，直到回歸母源認祖歸宗，認清根源母脈。

靈修應有的心態為何？我們既然已進入靈修的殿堂，就要隨時保持一顆空杯的心，要有正知、正信、正覺、正念、惜緣、惜福、惜生、惜靈，尊重仙佛、尊重先進、尊重賢能者，並且更需做到尊師重道的謙卑精神。

要與眾生結善緣，不可結惡緣，忍辱負重，佈施、持戒、精進、禪定、般若，要修到「無我」的境界，時時具備一顆慈悲喜捨之心來利益眾生，自我檢討今天是否有比昨天更為精進，對家人、朋友更為關心，使其感受到我們學道修行確實有精進，才不會讓人感覺有修與沒修還不是一樣、而沒有差別。

有錢人去赦因果，但是我們沒錢該怎麼辦？如果有錢人就可赦因果，那我肯定的告訴你，國內有錢的大企業家，就通通沒有因果了，這樣對沒錢者，不是很不公平嗎？

事實不是這樣的，因果的問題是要靠我們自己行功積德，來迴向給冤親債主的，如佈施、財施、法施、無畏施、普化等等，多行善積德，才能逐漸彌補過去所造成的錯業，功德才會漸漸圓滿，也為自己慢慢轉運而進入佳境。

會靈與靈修的意義為何？眾生的「靈」本清淨無為，但受世俗迷惑，窮其一生只知道追逐功名、利祿、權利而迷失了本性。會靈的意義乃是使靈歸本源，人回本性不再迷失，能早日脫離四生六道之苦。

但是如何能使靈歸本源、人回本性呢？唯有修行一途，「修」是指戒除貪慾、瞋慾、癡迷、傲慢、遲疑之毒以修身養性，立其德。「行」是指力行布施、持戒、忍辱、精進、禪定，以濟世渡化世人幫助無形眾生建其功。

如此才能使人心清淨回歸母源母根、各歸其根脈，若有帶旨令任務者，更該替上蒼辦理懲奸罰惡、濟弱扶貧，化解各種災厄，完成本身職責之任務。帶領眾生回歸母根母源，幫助母娘執行復古收圓，化解累世恩怨，一切了結完清任務，莫再墮入四生六道輪迴之途。

修行者切莫以神通、法力等為靈修之第一所求，需知「神通」誤道啊！時時刻刻不要忘記以修己利眾為己任，不要與他人比高低，跟自己比就好，今年是否比去年更為精進、更為提昇，能否漸次地超越自己，這才是最為重要。

十八 如何增加靈體之防護網？

靈性剛甦醒時，如同初生的嬰兒弱不禁風，到了醫院、喪禮，或是業氣較重的人身邊、住家的不淨，便會不舒服，這是正常的現象。

若是廟會、慶典活動中，能接收到正神的能量，所受到的加持力也會倍於平常，一切就看個人的因緣。

要如何讓靈體長大呢？

煉氣、練功、靜坐、禪坐、禪定、訓體、動禪、運動等等，通常都對肉體的健康均有幫助。精神好、體力佳、自然氣旺。但真正要對靈光體有助益有幫助的是「功德力」與「懺悔力」，以及神佛的「加持力」！

懺悔力：靈的一切病因、枷瑣、疼痛感……，人的運途不順，很多都是過去所犯的錯業所累。

三世一世修，靈覺一醒，第一件事情，就是業力現前，業力現前，最重要的是態度，而正確的心態是決定接受磨練之時間的長短。

如果能心存感恩，當下懺悔改過永不再犯，則幾年之內自見轉機。若是只想著擺脫、快速解決、花錢了事，或是逃避，磨個幾十年至死者亦多見。

功德力：就是德光，靈成長最需要的元素。財佈施、法佈施、無畏施就是欲想行功立德的最好善德！

善德，不會是用交換利益、交換功德而來，世上沒有可以用買賣的功果。只有用真心去幫助別人成長、啟發他人的良知良能，達到利益眾生的善行才會是真正的功德。

種善可以得福，福報亦非功德，而是福德。福報、業報交相輪替仍不離輪迴。此事靜思有德。

加持力：信力、願力、行動力，是一切加持力的導引。

如果沒有信、願、行之力，則難以承接上天源。人在地面上，若是能得到神佛之助，如同暗室之明燈照路，出離苦海不迷航。

世上所有的事情，都非憑人一己之力而能成就的，一切在背後都有著無形的強大力量在推引與安排著，能夠得到神助佑，自然是因平日的修為、願力所感，心愈是謙虛、誠信，得到的啟發就愈豐富。

◎世上沒有一步登天的法門，只有真修實證，才能步步上昇，完善今生的靈命、慧命！肯佈施、信願行、真懺悔。

◎懺悔至深則能達純靜，並且真心悔過、將功補過、以化解累世業障，靜至極而能開悟！

◎把靈覺的感知感應當作方便法。

◎把心性的修煉當作根本法。

十九 學修&功德的重要性

從本世紀開始，靈界透過通靈人、神職人員，藉由開辦聖事以協助眾生、消除苦痛。但這些原本是眾生所應承受的苦痛與業障，由於通靈人、神職人員的介入幫助眾生化解痛苦或病痛，卻有可能必須由通靈人、神職人員來承擔對方的因果業障，這就是所謂的「共業」。

學道修行除了內心良善之外，還必須得行善積福、廣植福田、行功立德、積累功德以備不時之需，以功德來做為修行人的後盾資糧。因為唯有功德才是幫助他人處理無形事，以及幫助眾生靈療的本錢，而不是神通力喔！

常言道：「自造其因，必受其果。」這是因果不昧之定律法則，佛法肯定因果關係，常用「如影隨形，如聲斯響」來顯示。而且佛為人們所說的因果之理，至為精深玄妙，不是專就吉凶禍福以明因果的，而是著眼這方面以示因果。

因果法則的肯定，實乃因果有其一定的規律，不能用任何外在的力量來改變，假定可以用外在的力量來改變，那因果的原理就失其根據，而不得名為「因果」了。若是以三世來說明因果，因果的道理才能更為完備。

那麼為何在過去二十世紀的乩童，有絕大多數的人會晚景淒涼，其主要的原因就是承擔到太多眾生的共業，也就是擔到眾生（被處理者）的「因果業障」。

神職人員為了消除這些共業，讓為靈界服務的神職人員能夠得到保障，於是通靈人、神職人員必須「領旨」與「收費」。

「領旨」是表示合法的替神尊做事與辦事，而「收費」的問題，則是因為以專職辦事為業，拿人錢財、替人消災，將收到的費用拿來做功德，並使用在道場的正常營運上，然後再迴向給當事者的冤親債主，以化解冤親債主對問事者的索討及仇恨心，如此，才能真正地達到「陰陽兩利」之勢。

很多的修行人以為擁有一身的靈氣，就可以幫助他人來作靈療，殊不知，人之病情之所以無法治癒，都是有其因果業障病的存在，這業障病需要功德來做化解與消災解厄。

如此，靈療加持者才不會承擔到別人的因果業障。觀看許多的修行人，擁有一身靈氣，也都在幫助他人作靈療，何以自身的命運還是一場糊塗？

其實，他們不知道自己已承擔到別人的因果業障，更無知的是他們都稱說：幫他人靈療都沒有在收取紅包，也不能收取費用。而不知應該收取紅包，然後再把裡面的錢拿來做功德，迴向給這些冤親債主，以化解無形的怨恨與冤欠。

否則就像人積欠銀行的錢，或別人的錢，你自不量力的承擔下來就要替人還錢，不累死也會耗盡今生的福報、功德。故天規戒律的法則及因果不昧的定律要熟知。這就好比讀經書不僅只是誦讀而已，還得要理解，理解以後還得去實行，然後再去驗證法界真實義。

有些神職人員則是主張「神尊交代問事不能收取費用」，但是自己本身卻又是專職的辦事人員，那麼自身的生活都已出現問題，哪有心力再來為眾生化解問題呢？如何再來普渡眾生呢？怎麼能夠幫助眾生消災解厄呢？

其實，有些神職人員不得收費的問題，乃是因為通靈人、神職人員與神尊之間有著不為人知及「較為特殊」的因果關係，所以，神尊才會特別交代「不得收費」，但是，並非每間宮、廟、堂都得如此照辦。

至於，一般修行人所感應到的是何種神明，只要從他的文章中，就可以看出此尊神明的道學程度。層級越高的神佛，詩詞文章含有很深的玄機，這玄機只有懂得道學、學到某個程度的人方能看得出來，例如只是隨便畫畫，字不像字、文不像文，那不用想，就像幼稚園、小學程度。

故想跟高級神靈來往，心中沒有很深的道學修養，是不可能跟祂們來往的。所以，學道修行者除了有靈動氣機之外，還得再深入經典、善知識用心研讀、參悟與實行，並活用於日常生活中。

修行人若是過度的認同自己，那叫自大；過度的貶低自己，叫做自卑。不管是自大或自卑，都是過與不及，對自己的身心發展皆有不良的影響。不過，無論是自大或自卑，當中都還是有個「我」存在，以「我」為考量的出發點。

也就是說凡事都以「自我」為中心思想，如此，便含帶著「自私自利之心」，所以在為人處事當中，相對的也會顯得特別的尖酸刻薄，主觀意識太強，而不夠客觀的對待，與他人互動也終將無法圓融與圓滿。

在學修方面，如果萬事萬物都能不著於心，自然萬緣能放下，不為外物所驅使，情緒也就不會隨之起起落落。但說總是容易得多，實際行動起來真是一大難題，也真可謂「知易行難」，這些都要在日常生活中慢慢的去體驗與磨練。

學習善用客觀的角度來看待事情，發現原來很多事情的來龍去脈，並不像我們所想像的那般狹隘，這也就是我們常說的「因果論」。大部分時候我們只看到一件事情的結果，便會輕易地妄下斷言，當有了錯誤的認知之後，便無法窺視真正的道理與真理。

而這些錯誤的認知，它來自於從小的生長環境，以及所接受的教育，逐漸形成思想觀念的偏差，習慣性做這樣的推理思考，其實它並不一定合乎天理。

學道修行必須要有明師的指點，這在學修方面來說非常的重要，很多生活上的疑難與困頓，都是來自於自己的認知，和思想觀念的判斷而形成了錯誤的決定，進而影響行為的偏差，於是就時常會遇到阻礙重重與困境不斷。

每個人對於事情的感受度與接受度不同，能接受的範圍也都不一樣，這也就是人與人之間相處會發生爭執的原因，至於要如何拿捏到「中庸之道」，就要在日常生活中慢慢去學習與歷練，光是用說的無法體會得到。

我們所認知的道理，並不一定是真正的天理，有些是以訛傳訛，有些是積非成是的觀念。好比大家所認知的修行，多半是拜拜、求神問卜，但真正的大道有著深奧的學問，並非是迷信，在經典中都可以印證得到，這是真實不虛的！

締造真功德在於自己的發心，不是用外在的行為來作為判斷。一切都必須一點一滴的去落實在利益眾生的付出上，如此才能累積無量功德。這唯有踏實修行的人，可以慢慢去體會與明辨之，只要有心，就可以覓得真道修行，這是無上之福德！

須知，修行必須修出智慧，不能只靠人云亦云的學修，這叫「套用教學」，不知所以然的跟著照做，這就是「盲目跟從」，這樣永遠無法達到自渡的境界，試想，自己都救渡不了自己了，眾生還敢指望你來救渡嗎？

二十 神奇的通靈

靈對一般人而言，會感覺有點神祕。過去除了少數的天生通靈者之外，大多數的通靈者，都是經過後天訓練而成，所以讓大家誤以為，通靈者都是江湖術士。接觸過通靈的人，有人非常依賴通靈，有人卻將通靈視為無稽，甚至是不學無術。

同樣的接觸通靈，何以會有兩極化的見解呢？

通靈就是我們的眼、耳、鼻、舌、身、意，感應到非物質世界的種種現象。以眼界（從虛相中的實相、法界實相）或諸多幻景、或影像傳真、色彩、明暗最為熱鬧，再來就是其他的聲、香、味、觸、法等等。

一般人最普遍體驗經歷到的是起雞皮疙瘩、畏寒、呼熱，甚至忽然會想起某個人，許多日常生活中的通靈現象，都被我們在不自覺當中給忽略掉，戲裡面不是常有這個戲碼：忽然心血來潮、掐指一算。

如果能修持戒定慧三無漏學，方能由戒生定、因定發慧、由慧起修。「持戒、禪定、智慧」三者，亦即分別對治人的「貪、瞋、痴」三毒。防非止惡即為戒，戒能伏貪愛心；息慮靜緣即為定，定能伏瞋恚心；破惡證真叫做慧，慧能伏愚癡心。

「無漏」即是無煩惱。戒——止惡修善，依戒生定；定——息緣靜慮，依定發慧；慧——破惑證真，依慧成佛。常常修煉靜功（禪坐、禪定）與達到空性（佛性顯現），因定發慧，由慧起修，而能明心見性，就會發覺「禍福未至心先知」。

我們會將所接收到的訊息傳達給本靈的靈識感官系統，再轉譯成意識系統可以接收的資訊，但是我們平時較依賴意識的感官，而忽略靈識資訊的傳達，當靈識不協調的時候，我們通常會認為是情緒不穩。

學修的過程就是把我們對外在的追尋改變為內省，以減低意識的發送與接收是為「節省能量」，定時勤加靜坐與禪坐，以培補能量來培養靈識，所以當意識漸弱而靈識就會增強，待你精進修行修煉到相當火候時必然會靈感充分。

有些因天命的需要而產生的通靈現象，這種天命通靈人乃是由上蒼所給予之能力而行持之靈通。但是因當事者並未經過築基的修煉，其修行的道行較為粗糙與淺薄，靈界傳達的訊息很難有效的去過濾。

而且資訊是經由依附的外靈來傳達，當這些外靈的能力不足時，會發生資訊不足或傳達錯誤訊息的現象產生，爭議性較大。所以雖有天命通靈現象，仍應努力學修與精進修煉，如此，才不會導致誤導眾生，時常造業誤人誤己。

天命靈修除了需要固定的靜坐、禪坐、禪定（靜功），同時更需要執行天命所賦予之任務，而在執行天命工作的過程中，天命通靈的能力也會與日俱增，每個人因天命及根基的不同，通靈的方式也不盡相同。

通靈不但須透過各種特殊修行的修法訓練，甚至要捨棄後天的種種術法，必須認真執行天命，並勤持天命靈修的功課（靜坐、禪坐、補充靈能、多多閱讀證道仙佛的經典、善知識等等），想要提昇通靈的層次就沒多大困難。

身為天命通靈者必須捨棄別人所不能捨、放下他人所注重在意的情感、淡泊名利地位，以天命靈修、揚昇、成就，來作為今生之主要晉升目標，方可面對接踵而來的種種考驗與磨練，這是身為一個天命通靈者所必須認知的層面，並且以歡喜心來接受所要面臨的考關。

備註：天命靈修者通常都會有無形師於夜晚睡眠時段來教導靈修者，或有高級指導靈在側予以調教、指導，妙德老師在為期四十九天中的閉關當中，前三十六天是由月慧山觀音禪院的千手千眼觀世音菩薩，於夜晚睡眠時段前來教導閱讀古書。

但是這樣的訓練，早上起床時肉體感覺非常疲憊，睡覺時腦神經無法放鬆，一直地在讀書、看書，眼睛雖然是閉著，但眼前卻是顯現文字，腦海也在思索著古書內容的每段含義，若是妙德能夠參悟文中之義，仙師則會以五言絕句、七言絕句來指導隱喻。

而七十二天閉關修煉更是經歷人生最大的轉折期，必須經歷過「置死地而後生」的種種磨難考關，這些過程會讓靈子修士永生難忘，若是沒有經歷過這些過程的體驗，是無法瞭解身為一個天命通靈者，他所要學習與歷練還真不是人在過的生活！

天命通靈是天命靈修的輔助工具，許多人在剛接觸修行時，都會期待早日通靈，並幻想著通靈以後的種種好處。但是許多人在通靈以後總會發現通靈可以發現別人的問題，卻是無法發現自己本身或親人的問題。

當自己有問題的時候，常常會接收不到訊息及資訊，通靈者不能為個人謀取福利，通靈僅是為解因果和解開修行問題的工具，要隨時隨地抱持著「利他才能利己」的觀念，才不會因通靈反而損人不利己。

許多因天命逼人而形成的通靈者，心思越單純者其通靈會越清楚，因為心思複雜的人，當所得到的訊息與原來的認知相左時，容易以自己的認知來轉換訊息的真實度，而現代，越聰明的人思想觀念與天理的距離越來越遙遠。

因此，進入天命靈修的領域，聰明的人就要跟在明師（智者）（大智若愚者）後面，如此，才不至於因私心作祟觸犯天規戒律，無形當中造業無數而不自知，也因為跟隨在智者身邊學修，才能得到神佛的指引！

摘錄自：妙心隨意窩，2013.04.03

二十一 靈逼體&因果業力

天命靈修者大都是受到靈逼體，才會在百般無奈的情況下進入修行，但是有些根基較深的天兵，在靈逼體還沒嚴重的時候就開始修煉，剛開始必然沒有太多的體會，就開始研讀、研究佛道經典，以攫取古人的智慧，作為修行的參考依據。

靈修的人部分都會有靈逼體的現象，也就是身體健康狀況不太好，但你又說不出他是什麼毛病，而且，通常都是求醫無效者，在經過帶靈山旨令的神職人員幫助下啟靈，藉由「動禪」的訓體來活絡筋骨，在身體健康方面絕對能得到很大的改善。

而且更可借用種種氣功、煉炁的修煉，以提昇天命靈修的功力。因此，在日常的行住坐臥間，除了上半身挺直放鬆，可以提昇靈能吸收的效率之外，可在修行的時程之外再作以下的種種練習。

行功：上半身保持挺直放鬆的原則，手腳作各種練拳或舞蹈皆可。廣泛流傳的太極拳，就是很好的行功。尤其是太極拳中的雲手，可以作為行功的基本功，每次定步練習可以從三五分鐘到三五十分鐘。尤其是在剛睡醒還沒完全回神時，做個二三十分鐘不但可補充睡眠，又可將宿便清理到直腸，是體內環保的最佳動功。

住功：一般指的是立姿的功法。可以面向東方，雙腳分開與肩同寬、膝蓋微屈、雙手向前環抱、稍低於肩、雙手姆食指相扣、上身亦保持挺直放鬆、眼睛微閉、呼吸緩而深長。如此，練習時間漸次增多至三十分鐘以上，練習中身體會溫暖流汗，腿部由酸痛轉為震動（我們稱之為氣動），慢慢的會感覺到全身舒暢。

坐功：坐功通常採盤坐模式，但也有人因身材或傷病而無法盤坐，那麼坐在可使腿部成直角的椅子上，上半身挺直放鬆，雙手置於大腿上，其他與盤坐相同。

靜坐：只要你可以坐得舒適並且能夠坐得持久，並非一定需要盤坐修煉才會有效果，有些人因為腿部受過傷、年紀較大，不方便盤坐，正襟端坐亦是一樣能夠達到修煉效果。正襟端坐雙腳著地，如此地做修煉，可以幫助體內負陰氣場、毒素由腳心（湧泉穴排出體外），只要能夠坐得住，坐得輕鬆，這樣肉體就已經得到安靜了。靜坐的功法甚多，我們只選擇對身體較有益處的方式來學習即可。

臥功：傳說中宋朝陳希夷，服氣辟穀四十年，用的就是臥功。一般人練臥功，通常會因此而睡著，所以甚少採用。但是其臥法也可用於幫助我們的睡眠品質，提出來讓大家參考。用枕頭讓頭部在右向側臥時，與身體行成直線，右手置於面前、手肘彎曲成九十度、掌心向上。左手微彎、置於左腰上、右腳彎曲、左腳伸直，置於右腳上，呼吸緩慢深長。

不管是練習氣功或是煉炁功，這些都是意念專注的修煉法，雖然有助於身體機能的改善，但是煉炁還無法完全排除業力的影響，無法使身體達到完全健康的狀態，因此更需要行功立德，累積功德來化解累世的因果業力！

而天命靈修會隨著各人的天命，與業力的安排各種因緣。若專注於各種非天命中的修法，這樣，反而會阻礙天命靈修的進程。

常言道：「自造其因，必受其果。」這是因果不昧之天律與定律，佛法肯定因果關係，常用「如影隨形，如聲斯響」來顯示。而人類因有思考的本領，才能因人的所作所為，形成一切萬緣的起頭！

起心——未萌芽前，僅是內心的思考；動念——內心深處尚未向外發展。若向外發展通過因緣結合必成果報，身為一位修行者須懂得在「起心動念中」，去斷除人世間的一切因緣果報。

人的善惡行為，既是過去的業因所感受的業報，也是未來的業果之所以產生的原因。助緣則是圍繞著主因而促使主因，成為新的事物及現象之其他要素或成分。所以，要說明因果現象的生滅變化，必須要用因緣的道理來細分。

所以說，不論是人為的，或是自然的，凡是可以用觸覺、知覺、感覺來認識思辨的一切，都是假相，而不是真理。如果能夠理解這層道理，並且以修行的方法來親證這層道理，佛教稱之為開悟，稱之為解脫，稱之為斷煩惱，稱之為離苦得樂。

學道修行著重於「戒律」的作用，其消極面是不作一切惡，積極面是需成一切善。種了惡業的因，將受惡的果報，種了善業的因，當受善的果報。

修行必須懂得因果不昧之理，又不執著「我的存在價值」之行為實在，此乃方為佛法的正理所在。佛教不是斷滅論者，要須注意的是到了智慧顯現之後，智慧與煩惱的區別界限已不復存在，這也正是實相無相緣生性空的境界了。

那麼什麼叫「業力」呢？「業」（梵語karman）乃行為，是我們身為人類的起心動念，這種「動念」、「行為」，能藉過去所造作的「因」，而感召現在的「果」報，透過此「因」與「果」的實踐過程，即是業力的展現。

「業力」來自於我們的靈魂所留下的行為軌跡，不單單是自己的紀錄，這當中還包含著其他靈魂的參與。業力不是懲罰或是報復，業力是一種內在或外在的能量模式，所相互交換的關係。比如，跟某一個問題有關係，你必須要解決問題並領悟內涵，如此，相關聯的業力才有機會被釋放。業力並不是決定你的命運，或是被設計在今生的功課當中，「業力」是可以被改變的，當你的思想行為轉變時，業力也就跟著改變了。

生物的構造是由許多的DNA所組成的，相對的業力是我們靈魂的密碼，可以從這當中知道你曾經是誰？曾經做過些什麼事情？經歷過些什麼？而當時的靈魂又以什麼方式回應處理？都一一記錄在你的黑盒子當中「第八識——阿賴耶識」。

我們必須在阿賴耶識中清除不良的垢識，八識田中的垢識即為理障及所知障的本來，亦即無明之初因。在此世中若不能清除第八識中的垢識，不論修為修得多麼高深、多麼良好也僅是下世再輪迴的種籽而已。

所以在這黑盒子當中就能夠一一去揭開前世種種善惡，生命密碼包含對於過去世的記憶所帶來的喜惡、恐懼、憂鬱等等的結果，甚至包含今生的功課，及個人靈魂成長的探究（潛能開發）。

「業力」主要也讓我們去體悟，在這些過往的經歷當中所產生的正負能量，幫助我們知道今生，所必修的重要功課前的覺醒與開悟！一旦改善這些業力的能量同時，也實際的去完成自己的功課，如此才能清償業力與做自我的超越。

須知，因緣果報，絲毫不爽，再大的神通也抵不過業力，即使聖人，也離不開因果，我們豈能不謹慎小心？一旦果報現前，我們是不是能如聖人的安詳自在、坦然地面對呢？

常言說到起心動念，起心就是因，動念才是果。因果會因為輪迴最後轉成業力，而且輪迴的時間越久，會讓怨恨怨念變大。

學修要懂得未雨綢繆，當業力尚未找上門之前，得先修改自己的脾氣、毛病、習氣與錯業，對著自己累世的業力做懺悔，對其認錯，並誠心改過遷善、積功累德，以化解累世業力，如此，才有機會轉變業力之反作用力的攻擊。

二十二〈你是屬於極度敏感體質的人？〉上篇

有的人看起來健健康康與常人無異，但卻自稱有靈異體質讓人百思不解，敏感體質與靈異體質到底是怎麼一回事呢？到底與常人有何不同呢？

我們一般肉眼所能看到的僅是三次元的空間，所謂靈異體質就是可以看到四次元空間或是四次元以上空間的體質，靈異體質的人就是俗稱有陰陽眼或天眼（三界法眼）的人。

為什麼會有陰陽眼或天眼（三界法眼）呢？各說紛云，有人說是遺傳的、有人說是有累世修行產生的、有人說是突發性的、有人說是腦電波接收頻率很廣，能接收到一般人收不到的頻率的，也有人說是本身具有陰陽兩界的磁場的，所以能看到人間（有形的）與靈界（無形的）的生命體；也有人說在雙眉間額頭上有個隱形的第三隻眼，靈異體質的人就是第三隻眼（天眼、三界法眼）打開了，所以能看到無形的生命體。

總之不管是什麼原因造成的，反正靈異體質的人就是有能力看到一般人無法看到的東西。因為屬於靈異體質的人比例很低，所以在周遭都是一般正常人體質的居多，靈異體質的人看到異度空間存在體時通常選擇閉口不說，因為說了沒人相信不打緊還會被當成精神異常！

也會被說成是裝神弄鬼、危言聳聽，或是有幻想症或是精神分裂症，心中的痛苦只有同樣有靈異體質的人才能夠理解，一般人是無法理解的。

靈異體質可分為：可以自我控制與無法自我控制兩種，可以自我控制的就是腦裡有個隱形開關，想看的時候把開關打開，不想看的時候就把開關關上，可以控制自己的雙眼，就是俗稱的天眼（三界法眼）；無法自我控制雙眼就是腦中沒有隱形開關的，無法在不想看的時候關上，經常不想看卻又讓他看到了無形界遊魂，這也就是俗稱的陰陽眼。

靈異體質的感應可分為眼睛感應、耳朵感應、身體感應的感通現象。靈異體質比較強的人也就是俗稱有陰陽眼或天眼（三界法眼）的人。

其實擁有陰陽眼是件很痛苦的事，經常被當成瘋子而被送入精神病院的，大概就是屬帶有陰陽眼的人居多！近年來流行請人開天眼，好像有不少人開了天眼之後後悔了，因為開的是陰陽眼而不是天眼！沒有隱形開關，所以無法自我控制，才會經常看到無形界遊魂的恐怖影像，於是非常地後悔。

問事個案中，曾經有一位二十五歲身高一七〇公分，年輕漂亮的女孩，她是因為自然開啟陰陽眼而三不五時看到傷殘的無形界遊魂，不是少了胳臂、就是少了一條腿的無形遊魂，還有睡覺時只要一關燈就看到只有下半身的無形在床邊走動，甚至洗澡時發現被兩個無形色鬼從窗外向內探頭窺視。

也正因此而請人幫她關閉陰陽眼，結果一個月後它又自然開啟，而且看到的景象更加恐怖，還曾經在床上躺著的時候，看到十幾個無形界遊魂往她身上壓上來，這種情況讓她一個多小時要喊要叫也都無法出聲，人簡直快瘋掉了。

她告訴自己的母親，我若三個月內沒有找到解答，我一定會自殺，但是她母親竟然叫她去看精神科醫師，說她自己想太多了，這樣的體質也不是她想要的，但這位美女現在不再恐慌了，因為我們幫助她找到這些無形干擾的主要原因，也教導她該如何化解這些靈擾的困境。

以上個案分析，造成陰陽眼的人拼命想變回正常人，期盼不要再看到異度空間的無形界，希望自己能逃出苦難，並且過著平常人的生活就好。沒想到卻有那麼多人異想天開的想去開天眼（陰陽眼）想跳進苦難中，人真的是奇怪啊！

能夠單純當個平凡人，平安就是福氣，生活在恬淡中知足常樂最好不過了，可是卻有很多人身在福中不知福，亂追求不需要的天眼、神通力而自討苦吃呢！

什麼是敏感體質

之前我們社區網站所發表的文章中，也多次的提到敏感體質的話題，在此還是老調重彈，如果你的體質很容易感收到來自異度空間的干擾與受到影響，那麼你就是屬於敏感體質的人。敏感體質與靈異體質的人較易發生下列一些現象：

1.記性差。2.諸事不順。3.倒楣。4.人緣不好。5.身體生病不容易好。6.臉常常發青暗沉。7.眼睛無神。8.身體痠痛。9.胸口悶痛。10.脾氣暴躁。11.失眠睡不好。12.感情失合。13.經常性失眠。14.無明病痛。15.心神不寧。16.精神不濟。17.意外不斷。18.長期憂鬱。19.有自殺念頭。20.幻聽或幻視。21.心神不寧。22.容易幻想。23.無精打彩。24.感情路常有波折口角。25.無異性朋友。26.諸事不順……，這些都是敏感體質與靈異體質所影響的困擾。

敏感體質的人其特質是極容易感受到異度空間的氣場、磁場，時常受到靈擾與干擾，並且時常會卡陰、被無形界遊魂跟上，形成很大的困擾，而長期卡陰造成身體的健康出現問題。

靈擾、靈逼體、卡陰的症狀很像感冒、過敏、氣喘、全身無力、昏睡、全身酸痛、刺癢等等，有時靈擾、靈逼體、卡陰……問題發生時，所造成的身體病痛，在醫學界是檢查不出病因的，若是醫藥無效或是恢復的效果很緩慢，那麼就該往另一種方向思考囉！

如果你是屬於極度敏感體質的人，那在此恭喜你，今生必須走入學道修行或者靈修之途徑，才能為自己的靈體與肉體修煉出防護網（金剛護體），相信我，一步一腳印，只要有心有願有行動力（信願行），瞭解自我靈性之靈源靈脈之後（目標）清楚了，再以正確的心態來看待修行、修道的人生大事，那麼你就能夠成為一個快樂的修行人。

二十三 〈你是屬於極度敏感體質的人？〉下篇

為什麼會有敏感體質與靈異體質呢？為什麼會有陰陽眼或天眼（三界法眼）呢？各說紛云，有人說是遺傳的、有人說是有累世修行產生的、有人說是突發性的、有人說是腦電波接收頻率很廣，能接收到一般人收不到的頻率的；

也有人說是本身具有陰陽兩界的磁場，所以能看得到人間（有形的）與靈界（無形的）的生命體；也有人說在雙眉間額頭上有個隱形的第三隻眼，靈異體質的人大都就是第三隻眼（天眼、三界法眼）已經打開，所以能看到無形的生命體。

在上篇文章中曾經提到開啟第三隻眼（天眼、三界法眼）之後，能夠啟動大腦內的隱形開關，自己決定開啟或是關閉，才不致於像陰陽眼的開啟，無法自由自主地掌控開關，而導致時常三不五時地會受到驚嚇！

屬於敏感靈異體質的人會有以下幾點特性：

(1) 有些敏感靈異體質的人，進入廟宇或道場時會有較特殊的感覺（身體搖晃或是會練拳、舞劍、舞蹈、或是打嗝、頭痛、頭熱、頭重等等的感覺）。

(2)有些敏感靈異體質的人，不論任何的宗教派別，在向神明禱告、祈禱時，會有感悟，甚至想哭、痛哭流涕……等等現象。

(3)有些敏感靈異體質的人，在經過磁場較差的地方，如喪事、車禍地點、命案現場、醫院、墳場、火葬場等等的地方，身體會有明顯感覺，如頭痛、嘔吐、起雞皮疙瘩、身體某些地方會刺痛或痠痛、胸悶，以及被搔癢的感覺。

(4)有些敏感靈異體質的人，會接收到異度空間非人的聲音或影像，甚至被騷擾與干擾，亦或是會有鬼壓床的經驗。

(5)有些敏感靈異體質的人，比較容易做夢，而且在平常會感覺到好像是有做過同樣的事、說過同樣的話、去到某個地方似乎有曾經來過的感覺與直覺。

(6)有些敏感靈異體質的人，在磁場氣場較不好地方，心情個性隨時會突發性或偶發性感到難過、生氣，甚至是暴躁，但有時並不是自己的本意非要這樣做，時常對自己所做出的種種舉動感到非常驚訝與後悔。

(7)有些敏感靈異體質的人，偶爾會看到不該看到的東西（如霧氣、黑影），或在陰暗的地方偶爾會看到黑影在跑動，更嚴重陰陽眼的人會看到半透明的人型，但明顯地知道他是鬼魂，是屬於非物質界所存有的眾生。

(8)有些敏感靈異體質的人，常常感應到神蹟、預知，其準確度每次都讓自己嚇到，但是大多數好的不靈、壞的靈，所以他們反而不想擁有此種預知能力。

敏感靈異體質是現代修行靈修人所冠上的一種新名詞，簡單來說，你的前世、累世都有在修行或者是發願的修行者，或這一世有接觸修行，跟神佛比較有緣者，你的靈自然比一般的靈更加敏銳，感應度與感受度也會特別多。

例如：你的前世是一位辦道、修道、辦事者，修持到已經有眼通的境界，下輩子若在因緣成熟之下，或許從小就能看得到第四、五度異度空間的世界。亦或是今生由神佛所賜與的能力，方便能替祂們開辦聖事。

那麼靈語本身則是靈修的修行者，靈與神佛或異度空間溝通的語言，有些是為了不讓肉體知道內容而洩露天機的一種語言，這必須經過修行或神明幫助開啟，自身靈體願意主動開口才會在潛意識說出，有的亦需適當時機因緣成熟後，再經過能量的加持力而開啟。

若你累世有皈依修行的神佛，隨著因緣成熟與自己累世的靈主、靈母，或無形師見面（會靈），當然是會像見了親人般的感動與親切而自然的流淚，有的靈是因為累世做了錯事（犯了錯業），下凡投胎轉世再來將功贖罪。

看到母娘而主動向祂老人家負荊請罪，感謝神佛賜予自己一個重生的機會，甚至有些靈，啟靈到現在還不知道過去世曾經做過錯事、犯了錯業，而肉體也不想好好的修行，看到神佛或自己的靈主、無形師擔心被處罰，也會跪下來哭訴、哭泣，欲請求神佛菩薩的原諒。

所以我們的靈看到神佛、靈主、無形師會痛哭，是有祂的原因與理由，不是我們光看表象就可完全透澈得知的。

進到磁場較強的宮廟堂會頭暈嘔吐，這是靈本身已在修行或是需要修行之人，本身能量還不夠，遇到廟宇能量超強的同時，有時也會產生負荷過大的情形，若是身上穢氣過多或是體內躲著共修靈，也會藉由嘔吐把體內的濁氣、穢氣或共修靈給逼出體外！

這類體質的人必須透過修行、修煉、行功立德、積累功果，來增強本身靈體的能量與氣場，正所謂「財食養身命，功德養慧命」也。

看過許多靈子因擁有靈異體質的這個能力而害怕，強力控制、壓抑它而斷了修行之路，甚至有些被家人送去精神病院、吃鎮定劑來抑制，亦有些人因有這些能力竟起了「貪念」，行旁門左道的拐騙錯業，這都是需擔負起對方的因果業障啊！

若本身目前是位毫無感應的人，常被一些修行者說你要替神明辦事，諸如此類的話，暫且抱著聽聽就好的態度，但當你真正修行之路的因緣時機一到，該走還是會藉著某些因緣來帶領你往修行之路走去，上述所提的那些經歷，我們從沒有感應到有所謂的靈異敏感體質，自身經歷，問事個案，僅供參考，建議你找間值得信任的宮、廟、堂跟隨著學道修行，靈下來投胎轉世就是要了因果，了宿願，消業障來的。

我們需抱持著無所求，無所得的心態，就當是心靈上的寄託也好，心靈的成長也罷，當心境愈平和，越懂得放下時，一旦遇到問題，也就能夠以比較客觀的態度去處理，自然也會覺得身心靈更加安定與穩定，修行的心態對了，才能修得自在與快樂啊！

二十四 修行者的省思

近幾年來常接觸到有在參與宮、廟、堂、佛寺、鸞堂的修行團體、修行者，而宮廟修行人較常執行的事項，或職務、勤務、服務眾生，或是奉獻時間、心力、金錢於道場、鸞堂之中，我們稱之為無畏佈施！

須知，當靈子、修士在佈施行善時若是心存回報、貢高我慢心，存著求名謀利之心，或惦念掛礙，就偏離了自然之道，這也就是背道而行，離了天心之本質，如此的心態行為，則其虛空頂門處定是黯然無光，心境不清反濁，結果，人們不喜歡親近，仙佛亦不眷顧，所以修行是修真或假修（表相修行），在歲月的痕跡之中皆一一會呈現，此乃是「相由心生」之顯現也，如此，修行者可要好好的悟之啊！

很多人抱持著無私奉獻的精神，有的則是抱持著得過且過的心態（混日子）。有的則是抱持著條件說的心態，重複做著制式化的工作，但是這樣的人其內心深處（骨子裡頭），並沒有在修行，也並非是學道修行之人。

但他們卻頂著宮廟服務人員、神職人員的身分，做著自私自利、損人不利己的事情，時常會在宮廟堂主事者、領導者、住持、宮主、堂主的背後，批評指責主事者的缺點，挑剔上位者的處事作風，而會有這種習性的人，他們喜歡分化、挑撥離間、破壞修行團體的融洽與團結。

喜歡拿著顯微鏡放大他人缺點的人，他根本就沒有真正進入道門修行，也從未入心學修，從未想過反省自己，須知，只要是人就一定會有缺點，除非你已經達到聖人的境界。

甚至還為了曾經被主導者、上位者糾正指責之事而懷恨在心，遷怒指責他的主事者或者上司，從不曾低下頭來自我省思一番，為何只會一味地抱怨、埋怨他人，甚至認為自己從頭到尾都沒有過錯，只是被他人誤解罷了！

學道修行靈修為的是靈性的提昇、淨化、進化與超越，並且必須行功立德，解冤釋結，還清宿怨，以及圓滿累世的願力。一個修行人若不知從反省、懺悔、改過下手，那如何從內在的自我來進行改造、精進與提昇呢？

那麼該如何來判斷這個人的修行初發心呢？我們可以從他平時的言行舉止當中，來辨別此人是否為真修行者，若是有人常在你面前批評談論他人的是非，而且所談的這些內容跟自身的修行並不相關。

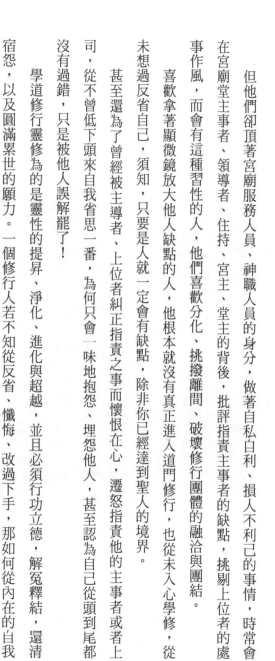

那麼可以肯定的是，此人是輿論製造者，是非顛倒、謊話連篇、挑撥離間、分化團體、搞小團體的始作俑者，如此一來，你便很容易判斷出誰是誰非，而且要記得切勿僅憑片面之詞，就輕信於人。

一個修行團體、工作團隊當中，若是發現有這種人存在的話，記得與這種人保持距離，難保有一天，他不會出賣你！

他既然會在你的面前說三道四、數落他人、傳播謠言、製造紛爭，如此心性之人，習氣難斷，脾氣暴躁，秉性難改，那他則是名符其實的「表相修行者」。心性、脾氣、個性、秉性……這些均是學道修行人該調整與修正的部分，不知你是否真能做得到呢？

所謂入境隨俗，進入道場、工作環境、職場的領域當中，所要面對的是各式各樣的人事物，你不能要求大家都要順著你、附和著你，隨著你的喜怒哀樂在起伏不定，而是每個修行人都必須做自我的調整，去適應團體與團隊的配合默契，藉由改變自我，超越自我，跳脫傳統觀念，如此，才能讓一個修行團體，或者工作團隊，繳交出亮麗的成績單。

修行是修持內心、內德，不是修外境（表相），也不是修人情道，而是要入世修出世間法。崇拜佛像是要學習神佛菩薩的精神，為得啟發我們內在的自性，洗滌身心靈的塵垢汙染，而且並不是迷信與盲從。

學道修行若能開啟我們的潛能與智慧，那麼在日常生活當中的應對進退，將會更加順遂，這才是確實的落實佛法（活用道法與佛法）。

須知，拜神禮佛是為了降伏自我的驕慢，燒香是為了表達內心的恭敬，提醒自己以戒定真香供養三寶。我們通過學習佛法、道法，能正確地認識世界、人生的規律，從而讓自己的生命越來越美好。

二十五 觀念對，行為才會正確

☺哲人說：「你的心態就是你真正的主人」；「要麼你去駕馭生命，要麼是生命駕馭你。你的心態決定誰是坐騎，誰是騎師」。

☺一位藝術家說：「你不能延長生命的長度，但你可以擴展它的寬度；你不能改變天氣，但你可以左右自己的心情；你不可以控制環境，但你可以調整自己的心態。」

☺佛說：「物隨心轉，境由心造，煩惱皆由心生。」

☺狄更斯說：「一個健全的心態比一百種智慧更有力量。」

☺愛默生說：「一個朝著自己目標永遠前進的人，整個世界都給他讓路。」

這些話雖然簡單但是卻很經典、精闢，一個人有什麼樣的精神狀態，就會產生什麼樣的生活品質與生活現實，這是勿庸置疑的。就像是做生意，你投入的本錢越大，將來獲得的利潤也就越多。

生活中……

一個好的心態，可以使你樂觀豁達。
一個好的心態，可以使你戰勝面臨的苦難。
一個好的心態，可以使你淡泊名利，過上真正快樂的生活。
人類幾千年的文明史告訴我們，積極的心態能幫助我們獲取健康、幸福和財富。

一、心態決定人生

一位哲人說過：「你的心態就是你的主人。」在現實生活中，我們不能控制自己的遭遇，卻可以控制自己的心態。

我們不能改變別人，但是卻可以改變自己。其實，人與人之間並無太大的區別，真正的區別在於心態。所以，一個人成功與否，主要取決於他的心態。

二、生氣不如爭氣

人生有順境也有逆境，不可能處處是逆境。人生有巔峰也有谷底，不可能處處是谷底。因為順境或巔峰而趾高氣揚，因為逆境或低谷而垂頭喪氣，都是淺薄的人生。面對挫折，如果只是一味地抱怨、生氣，那麼你注定永遠是個弱者。

三、有自信才能贏

古往今來，許多人之所以失敗，究其原因，不是因為無能，而是因為缺少自信。自信是一種力量，更是一種動力。當你沒有自信的時候，你難於做好事情。

當你什麼也做不好及不想做之時，你就更加缺乏自信，這是一種惡性循環。若想從這種惡性循環中解脫出來，就得與失敗作鬥爭，就得樹立牢固的自信心。

四、心動更要行動

心動不如行動，雖然行動不一定會成功，但不行動則一定不會成功。生活不會因為你想做什麼而給你報酬，也不會因為你知道什麼而給你報酬，而是因為你做了些什麼才給你報酬。

一個人的目標是從夢想開始的，一個人的幸福是從心態上把握的，而一個人的成功則是在行動中實現的。因為只有行動，才是滋潤你成功的食物和泉水。

五、平常心不可少

人生不可能一帆風順，有成功，也有失敗；有開心，也有失落。如果我們把生活中的這些起起落落看得太重，那麼生活對於我們來說永遠都不會坦然，永遠都沒有歡笑。人生應該有所追求，但暫時得不到並不會阻礙日常生活的幸福，因此，擁有一顆平常心，是人生必不可少的潤滑液。

六、適時放棄才會有收穫

命裡有時終須有，命裡無時莫強求。不要去強求那些不屬於自己的東西，要學會適時的放棄。也許在你殫精竭慮時，你會得到曾經想要得到而又沒得到的東西，會在此時有意外的收穫。適時放棄是一種智慧，它會讓你更加清醒地審視自身內在的潛力和外界的因素，會讓你疲憊的身心得到調整，成為一個快樂明智的人。

盲目的堅持不如理智的放棄。苦苦地挽留夕陽的人是傻人，久久地感傷春光的人是蠢人。什麼也捨不得放棄的人，往往會失去更加珍貴的東西。適當的時候，給自己一個機會，學會放棄，才有可能獲得。

七、寬容是一種美德

俗話說得好：「退一步海闊天空，讓他幾分心平氣和。」這就是說人與人之間需要寬容。寬容是一種美德，它能使一個人得到尊重；寬容是一種良藥，它能挽救一個人的靈魂⋯⋯寬容就像一盞明燈，能在黑暗中放射著萬丈光芒，照亮每一個人的心靈。

八、學會給心靈鬆綁

人的心靈是脆弱的，需要經常地激勵與撫慰。常常自我激勵，自我表揚，會使心靈快樂無比。學會給心靈鬆綁，就是要給自己營造一個溫馨的港灣，常常走進去為自己忙碌疲憊的心靈做做按摩，使心靈的各個零件經常得到維護和保養。

九、別把挫折當失敗

每個人的一生，難免都會遭受挫折和失敗。所不同的是失敗者總是把挫折當失敗，從而使每次都能夠深深打擊他取勝的勇氣。成功者則是從不言敗，在一次又一次的挫折面前，總是對自己說：「我不是失敗了，而是還沒有成功。」

一個暫時失利的人，如果繼續努力，打算贏回來，那麼他今天的失利，就不是真正的失敗，相反的，如果他失去了再戰鬥的勇氣，那就是真輸了。

十、避免煩惱成心病

在現實生活中，終日煩惱的人，實際上並不是遭遇了太多的不幸，而是根源於煩惱者的內心世界。因此，當煩惱降臨的時候，我們既不要怨天尤人，也不要自暴自棄，要學會給心靈鬆綁，從心理上調適自己，避免煩惱變成心病。

十一、快樂其實很簡單

有人說，快樂是春天的鮮花，夏天的綠蔭，秋天的野果，冬天的漫天飛雪。其實，快樂就在我們身邊。一個會心的微笑，一次真誠的握手，一次傾心的交談，就是一種快樂無比的事情！

二十六 靈修心要悟語

修行莫過於修心養性、修身養命、修靈養神，但是眾多靈子均是知道，卻是做不到，真可謂是「知易行難」！

丹道修行的次第修煉：「煉精化氣、煉氣化神、煉神還虛、煉虛合道。」

此乃修煉次第功法，而且是需要一步一腳印，漸進漸行漸體驗，真修實煉的修煉次第功法，它可是急也急不得！現今眾多的修士、靈子，由於急功近利、缺乏耐心和毅力，導致在修行修煉上常常原地踏步裹足不前。

而且甚多靈子在修行過程中，他們所遇到的「名師、老師」也是影響靈子們在學修上無法精進的主因，由於某些前輩他們沒有經過佛學、道學的一門深入法脈傳承，僅憑著個人經驗以套用方式引導眾靈子修士，而造成眾多靈子於修行、靈修、修道上，無法找到與自己相關案例的答案，產生眾多的疑慮而難於精進與提昇。會障礙修行成長的原因是你還沒有找到自性靈脈的源頭！並不是老師叫你別問那麼多，只要認真修行就可以解決靈性的需求。

學修之路必須要有歸依明師引導，明師引薦仙佛次第傳授修煉，才能瞭解每個過程的功課，「有心有願」才能接受仙佛的關照，有「捨」才有「得」，無捨即無得，一切順應天意方能順心如意。

靈修理應是道教一脈，卻為道教人士所斥責！就因坊間靈修者不以經典為依據，無法解讀靈動、靈修、靈語之真實意，更無法實際瞭解其中玄妙之處，因為多數靈修者常常沉迷於神通、求顯化，孰不知神通誤道啊！

修行最後的目地不在於求神通而是在求解業、在求何以利眾！再求當無來生！得以了脫！靈修最大的障礙就是本靈、世靈、共修靈、外靈常常無法分辨清楚，因在被吹捧過度的下場就會自然性的自負，當你以為自己的認知全部都是正確的時候，就很難再接受他人的意見，所以沒去確認，或是根本就沒想過要確認，到底你所接收到的靈訊是來自何處？

我們學道修行必須修出智慧才能夠跳脫、超越與提昇，走上真正的修道修真之路。靈修之路不是不可走，只是得步步為營、如履薄冰，把過多的執念和欲求放下，才能夠看清前頭的路到底該如何走。常言道「師父引進門，修行在個人」，一切都是「己心所造，事在人為」，你不去執行沒有人會勉強你去做。

須知，修行觀念會偏差，導致身心過多的欲求與貪婪，這一切都是人心起伏在執行，而不是神明在幫你做決定！現今世風日下，有心學修者不知那裡才是明師、那裡又是名師？抓著浮木當救命遊艇，危險嗎？很危險但又能如何？

妙心法語：真明師可分為以下四大類：

(1)能夠傳道、授業、解惑者才是真明師。

(2)能夠瞭解日月陰陽之理，乾坤坎離之道者才是真明師。

(3)能夠瞭解禪密靈修法門之真實義者才是真明師。

(4)能夠參透法界實相真實義者才是真明師。

不知靈修者對於明師的定義為何呢？

妙心法語：修行必須經歷「學、修、行、證、悟」的次第精進法門。

無學不能修正、無修不能正心；

無行不能實證、無證不能悟法；

無悟不能證道、無法不能合道、無道不能化解。

無為是「道」、有為是「法」。無「法」不能證悟「道」為何物！

妙心法語：

靜功煉靈氣，動功煉罡氣；

內觀煉真氣，築基煉三昧真火；

下丹田煉先天一炁，丹成轉化先天無為法，吸納宇宙能量打通三關九竅。

妙心法語：

純陽一炁河車運轉，先天八卦乾坤定位；

天人合一金線接引，能量訊息法傳天意；

行功立德化解業障魔考，內功心法必須口傳心授；

才能達到印心禪法，當下印證天授使命。

妙心法語：

尋師訪道、尊師重道、虛心受教、法傳真意、靈脈歸源、認主歸宗、明心見性、得道真傳、超越法界、解脫輪迴、證悟道源。學、修、行、證、悟次第修行觀，必須達到無我相、無人相、無眾生相、無壽者相，就是凡事不能太主觀（我執、法執）。

以自我的主觀意識去否定別人的修行法門，而沒有經過客觀歷練的求證，無形之中阻斷同修之間的法脈因緣，不能完全瞭解法界實相的真實義，真是不知「道」為何物？無知、無明造成貢高我慢，實乃現今靈修者的詬病！

我們的靈性、靈格要想提昇，必須要經過重重的磨練與考驗，經過無形師、主神、天界審考官審核通過，才有機會往上提昇，而地球正是靈界的一個大考場，相信每個靈修者都希望今生於修行道上能夠有所成就！

我們人類常常被光鮮亮麗的表相所蒙蔽，正所謂高處不勝寒，修為不是表現在外在的包裝上（表相修行），而是你的內德是否圓滿、德性圓融、佛性頓開，如何以內德引導眾生走入修行之正道，才是身為宗教傳道者該有的典範！

金丹乃是真人之元炁，子欲不堅修煉陽神之地崑崙之鄉，一心專注由外入內成就聖胎，內守胎元堅固胎嬰為仙道之宗。仙家以性命雙修、煉氣化神、煉神還虛、煉虛合道為次第法門，靈炁合一內證法界實相。

羽化昇天、脫殼飛昇，七彩鳳凰、坤道成佛、真龍得丹、乾道成仙，聖胎法身俱足名真人。真人得丹昇天仙，仙佛法界合真意。各宗教靈性都是一樣展現妙化，並不是一直在筆尖尋佛法講道理，而是真修實煉現真相矣！

道法三千六百門，人人各執一妙根，
惟有些子玄關竅，不在三千六百門。
佛在靈山莫遠求，靈山只在汝心頭，
人人有個靈山塔，好向靈山塔下修。
佛講經典三千卷，正法眼藏未明言，
末世有緣得此法，便是東方不老仙。
迴光返照心中鏡，恍如月光映幻境，
丹成迴天日光現，智慧法性印禪心。

二十七 靈修&魔考

魔考簡單來說就是「業障」考關。業障現前時，在一般人或家庭中，通常都很難去面對與化解，有時甚至會逼迫你想自殺輕生！

學道修行之所以會有眾多魔考，其主要原因是前世的冤親債主，好不容易在這一世找到你，開始要你償還累世因果業債，倘若等你修成以後，前世之業債便沒辦法向你要回，祂們怎會如你所願，讓你得逞而「修成」？甚至繼續讓你學道修行？因此祂們才會加以阻擾，干擾你的學修之道，阻礙你靈格晉升的機會，甚至還會加快討債及討報的速度。

而靈修則是針對心理層面和潛意識的調整，例如：靜坐、禪修、催眠療法、民俗療法、氣功療法等等，它是在調整潛意識，及靈性的相互作用，靈修似乎看不到也摸不著它所帶來的效應，科學有時也很難印證解釋。

但依個人體會似乎感受的到，靈子對學修沒有正確觀念，以訛傳訛、以偏概全，對靈修形成負面印象，導致人們排斥，常謂靈修是迷信而視為畏途，更視靈修為邪魔歪道，亦將所有的問題及亂象，歸咎於靈修所造成。

靈修，即是學子的靈性甦醒後，靈性漸次「修煉與修靈」，我們簡稱為「靈修」。靈修是宗教術語，靈修也可以說是一種宗教的修行，它涉及到嚴肅的思維或沉思。「靈修」一詞源自於拉丁文，意謂著深奧且專注的思考。

靈修可分為積極與消極兩種層面，前者肯定存在著質量與力量，或是道德與價值。後者則是強調全然放棄，並超脫既存的思維理念。靈修的實踐可定義為，在知覺上探索的一種生命新道，亦即內在「心靈途徑」。

經歷初階的淨化與統和，修行者讓自我空靈超脫，轉化新生「靈性甦醒」，終至能將此覺醒整存於日常生活之中。然而要進入個人意識之中其實並不難，重點在於全神貫注地觀視與體察，並秉持超脫且非批判的態度。

靈乩的修行方式簡稱為靈修，他可以自在與神佛溝通，依照靈子累世的因果業力，學修者會有許許多多的考驗（也就是所謂的魔考），通過各層考驗者，有些因果業力更可從中消滅，目的是讓靈修者能夠更增加信心。

學修者必須保持正心、正念、正行，精進學修提升靈性的成長。若是靈子過於執著，沒有看透貪瞋痴三毒，怠惰不知精進，靈性無法順利提升，那就需要花更多時間去學習與磨練。

靈子透過啟靈修行之後，若開啟過去世潛能——神通力，以神通濟世渡人，引迷入道，努力學修精進，在辦事過程中若無犯錯，不阻斷因果討報，則可在無形之中累積無量功德。

但若是利用神通利己造做惡業，利用神通掌控他人之靈識，以靈擾干擾他人學修之道，以神通法力攻擊他人靈體與肉體……，其所犯之過錯罪加一等，神佛「靈主、主神」在天界就直接將靈子之「天靈」除名，削減其靈性之光芒，再拿掉他所曾經擁有的法力、功力。

靈修的最終目的，不是追求神通，而是要增加自我靈性光芒，提昇「靈格」之境界。了解自己的缺失，改正以往的過錯，達成與靈性相互了解、平等相處與互相尊重，可惜許多人誤以為「神通」才是學習的主要目的。

學修者不知天靈之神通本自俱足，卻尋求外靈之幫助，被高等惡靈體、魔界所利用，導致魔考一直無法順利過關，久而久之可能會因此而精神耗弱，出現所謂的幻聽、幻語、幻覺、幻境之類，類似神經病的行為出現。

在學習過程中，要了解真正的神佛，祂不會用其形像來蠱惑人心、迷惑人性，更不會指導靈子使用神通去為惡造罪，使用法力去傷害他人、控制他人，學修者只要心存正念，保持「尊天敬地」「尊師重道」「不妄自尊大」「虛心受教」「謙卑學修」「不胡亂接受高等靈性、魔界的幫助或附體、或利益交換」，相信這些所謂的魔考，都可以順利的過關。

修行者若是僅靠自我淺薄的認知，誤以為只要有神尊、仙聖曾經來教他／指導她修練功法，對自我靈駕的靈活度、磁場感應度、訊息的接收度，比起其他修行者更為敏銳，因此讓靈子誤認為自己的修行層次，或者道行已經比老師、師父或主事者的修為更高！內在心靈因而產生比較心、貢高我慢心、自大驕傲心，既生種種傲慢的心態出來……。

如此，便無法客觀的謙卑學修，常常還自以為是，認為自己的判斷才是正確的，然而他人的說詞或建議卻不足為信，如此，諸多的魔考，將比其他單純的修行者，會多上更多。

妙心法語：「不入魔境難成道，進入魔境道難成。」在魔考期間很容易被擊垮而退道，如果沒有明師、前賢的指導與修正的話，很容易誤入歧途，而且是很難全身而退的。

學道、修行、靈修者若是心性修養不足，產生比較心、貢高我慢或自大心，如此已經著了心魔，而會前來指導的，大都是假藉神明、仙聖之名的魔道、外靈才會來教導他。

外靈、魔道、靈神，祂們如果不自稱是某某仙佛降世，試問你會乖乖相信祂所說的話嗎？而靈乩的修煉過程，最重要的一環，就是匯聚「真炁」（亦即修煉道家丹道氣功），因靈炁若俱足，才能活靈活現，靈為無形，故無形法，無形而為，才能符合「道炁長存」之真意。

靈修者必須經過「修心」的這個課程，若是只注重靈性的發展，則心性修養尚不全，無法達到修正與圓滿。若只修心不修靈，無法了業、了緣、了願，亦即無法回歸源頭。

修靈初期需要有老師的帶領，無論是有形師或是無形師，經由老師的幫助「啟靈」及教導，當基礎建立後，之後的一切修行都要靠自我的要求，因為每個靈體都是獨立的，之所以會有如此多的修行法門，供自我選擇乃是靈源、靈脈的不同，所學修的法門，自然也就不同，論點、教義、教理的不同，學修進入點更是不同，但走到最後，修成的結果卻是一樣的。當擁有神通時千萬不可驕傲、自大、貢高、我慢，否則一定會前功盡棄。

心性修養的好，可幫助靈性早日覺醒，瞭解修行的重要性，走上靈修歸源之路，「超越自我」償還累世因果業債，找回原來的本我，回到靈的故鄉，不再淪落凡間，輪迴不息。

這是「肉體」協助「靈性」修行，當肉體年老時，靈體可助其容光煥發，排除一切障礙，無病無痛，這是「靈」助「體」壯，所以是相互相成的，也就是所謂的「修靈」。

「人法地，地法天，天法道，道法自然」，道本自然亦無善惡之分，若有善的觀念，便會有惡的對立，善與惡其實就是一陽一陰的凡間對立世界，善與惡又稱為「輪迴種」，既然靈體有輪迴之種子，那當然就會繼續輪迴六道之中！

修行它不是一朝一夕可成，更非一世一代就能成就，今世若無法悟道之靈體，來世便又繼續投胎轉世，去圓滿未修成之大道，直到靈體參透宇宙無上大道之生化哲理。

但須再配合行功立德、積累功德、消弭宿怨，化解累世因果業障，至此，靈得道、心修道、身行道，並能徹底化解累世之因果業債，以達到復古收圓，回歸母源（源頭）。

學道修行必須經過悟道（開悟、淺悟、漸悟、頓悟）、證道、得道、成道，而得到最後的成果。因此，學佛悟道成道者就是「佛果」；學修仙道證悟成道者就是「仙果」；學道開悟成道者得到的就是所謂的「道果」！

學道之人必須效法天地之自然，對一切聖業的境界不起分別心，不起煩惱心，得無執著心，存平等之心，煩惱自然無起，也才能應化一切對待之心境，課業圓滿，回歸本位！

二十八 靈修個案分析解讀——啟靈、靈動、靈語

在無極天界眾多天尊身邊的武將、副將、執事……雖然職位不同，階級也有高低，但降下凡塵後統稱為「九龍」，列位王母身邊的侍女（仙女），如執扇仙女、如意仙女、跟班、帶劍護衛……職司不同，階級不同，但降下凡塵後也是統稱「九鳳」。

不論九龍或九鳳均是奉旨下凡投胎轉世，其目的只有一項，就是修成混元氣體，完成天命回歸無極天覆旨，稱為「真靈歸原復古修圓」！太極天靈雖然不用回天覆旨，但是也要修行助長本身功果！（註：太極西天佛靈的修持法則另有不同。）

元靈在天界時的靈體是以氣體形態存在，但要降下凡塵，如果還是以氣體形式存在凡塵，豈不是會嚇死人！所以就被壓縮成「一點靈光」託身於肉身，這就好像我們電腦裡的龐大檔案，用RAR或ZIP壓縮成小檔案一樣，等到要使用時再解壓縮，「一點靈光」，存在於肉身的胸口心窩處，由於降下時肉身的「先天蓋（天靈蓋）」已經被封住，所以無法再回復原來的形態，需要藉肉身的靜坐練氣，用本身的真元氣體修煉出（先天炁），培靈，養靈，使元靈的一點靈光能逐漸

壯大。

這就像我們在孕育胎兒一般，同時也是在培養肉身與元靈間的契合（靈體合一），若欲培養元靈的這一點靈光壯大，我們本身必須先修煉出先天一炁，由這股先天炁來培靈、養靈，才能助長靈體的成長至恢復元靈原有的氣體形態。

等到元靈回復成氣體時，便是元靈要開始執行祂在凡間天命的時機，待功果圓滿、肉身死亡時，元靈便脫離肉身回到靈界，這就是「復古修圓」，也就是所謂的「修靈」功課。當元靈知道我們在幫祂修行時，祂也會回報我們身體健康，事業順利，這是唇齒相依，互為因果的功課，當肉身知道了自己的元靈後，就要開始為自己「學道」，為元靈「修靈」。

如何修靈？修靈就是一般所說的「靈修」，但末學以為靈本身並不會修，在修的是肉身，幫靈修行的也是幫肉身修行，所以應該稱為「修靈」，修靈會很困難嗎？要準備什麼道具？要在那裡修？要怎麼修？

其實一點也不困難，就是從我們的自身修起（修道）——修口、修心、修身、修言、修行、修德、修禮、修格、修性、修體，這幾點我相信大家都懂，問題只在於剛開始實踐起來可能有點困難，但還是要多多努力認真的去做。

培靈

元靈來自理天，乃是一股清純之氣，靈自降下凡胎後，先天一炁便轉為後天氣，因呼吸得來的氣則是（空氣）濁氣，必須借由修靈煉氣把後天氣修煉成真氣——煉精化氣、煉氣化神（先天炁已成）煉神還虛、煉虛合道！但過程長短因人而異，端看各自所下的功夫！

懷孕不是女人的專利，包括男人也會懷孕，只是懷的不是肉身的胎兒，而是「靈胎」，要讓胎兒長大。肉身胎兒吸收的是母體的養分，那靈胎吸收的是什麼呢？

在前面說過元靈原本就是氣，那當然吸收的也要是氣囉！而且是要「純淨」的氣，所以每天多花點時間靜坐，調氣、運轉本身的氣機以氣培靈（養靈），使靈體由微小的「一點靈光」逐日強健、活潑、壯大，終而啟發元靈的智能（喚醒沉睡中的元靈）。

啟靈

一個小嬰兒在酣睡中逐漸成長（一眠大一寸），這不是最自然的事嗎？等到該醒的時候他自然會醒，酣睡中被你莫名奇妙把他叫醒，你說會有怎樣的情形？

因為沒睡飽而哭哭啼啼……啟靈是一種自發現象，猶如瓜熟蒂落，藉由外力加持啟靈的修行者也是大有人在（因本身靈體的能量不足無法自發性啟靈，但又有嚴重的靈逼體現象，不得不借重外力及仙佛的能量來加速啟靈的過程），但啟靈之後的引導修行非常重要，所以妙德老師是不輕易的幫人啟靈！

同時也藉由靜坐拉近肉身與靈體間的距離，讓肉身與靈體能相互溝通，這就好像樓上樓下鄰居平日雖常見面卻從未打招呼，互不認識，現在開始每天見了面先從說Hello開始，然後慢慢聊天，相互瞭解增進感情，最後培養默契，達到「靈體合一」的境界。

當您與靈體有了契合，而元靈已回復氣體形態，祂自然會引領你做進一步的修行，當肉身與元靈有了共識後，肉身也可以跟元靈相互交談，向元靈請領教益（迷者師渡，悟者自渡），元靈也會竭盡所能回答肉身各種問題，使肉身能夠更加增長智慧！甚至喚醒元靈塵封已久的記憶而得知您的前世，累世（開發累世的潛能，圓滿過去世的不足）！

靈動

在修靈的過程中會發生靈動、靈語，這都是正常現象，不要在意也不要理會，那只是靈睡醒了伸伸懶腰，活動一下筋骨，甚至會看到一些異像或聽到一些異音，都無需理會，只要正心正念好好的修靈即可渡過。

靈動是一種自然現象，而不是外來因素造成，當靈體於肉身中甦醒時，發生的自然現象好比嬰兒由沉睡中甦醒哇哇大哭，手足舞動吵著要喝奶，又如蠶繭要破繭而出，小雞鴨鳥要破殼而出，蠶繭或蛋都會陣陣晃動，只是隨著靈的強弱，及肉身體質強弱的不同，而會有靈動強弱的不同。

靈動只是一個過程，通過這個過程靈動自然會消失，小嬰兒喝飽了奶水自然不哭不吵了一般。但是如果不餵食奶水，小嬰兒自然哭鬧的更兇，同樣的道理，對於靈動如果不予理會，也會靈動的更兇，讓肉身更加難過。

如果因為忍受不住靈動的苦而異想天開，藉由壓制或使用暴力強行束縛，或使用法力硬行將靈體（元靈）綑綁，雖然可以暫時讓肉身免除靈動的困擾及痛苦，而沾沾自喜以為從此太平無事，卻不知飲鴆止渴的作法已為自己埋下禍根。

元靈在肉身是一道靈氣，在理天卻是我們所稱能降乩，降駕濟世法力無邊的神、聖，在肉身上的靈氣雖然法力不及神、聖，但也絕不是軟腳蝦，雖因一時失察被綁，假以時日一旦爆發掙脫，受苦的還是肉身，再則主神、元靈守護神，豈會眼睜睜見元靈被綁而視若無睹？聰明反被聰明誤的結果是難以想像。

靈動是靈體甦醒或世靈（自己本身累世的朝代靈，由於過去世修行未達圓滿境界，會甦醒過來是要重修、補修過去所不足的課程），或是已經準備要大展鴻圖的時候，因為肉身的不知修、尚未修或是走錯路徑，而對肉身的催逼現象（靈逼體）：有頭暈、頭痛、想吐、心悸、四肢無力、四肢冰冷、發燒難退、莫名的哭泣、身體的抖動、身體晃動、手舞足蹈、比劃蓮花指、打手印、打拳、跳舞、轉圈等等的表現。

靈動也是靈體在幫助肉身調整健康狀態，或幫助肉身排除體內屯積已久的廢棄物、毒素，讓肉身能夠更容易與靈體契合，而達到靈體合一的境界，畢竟過去元靈也是神靈（修煉元靈回復到氣體形態，這是需要恆心與毅力，且要看個人所下的功夫而定）。

神靈喜好清、淨、靜，肉身如果不能達到清、淨、靜，靈體是很痛苦、難受的，若以靜坐、修靈、訓體……方式化解靈動，對於肉身還有一個莫大的好處——暢通全身經絡，打通任督兩脈（小周天），功力高的還可通奇經八脈，強身健骨、益壽延年，更別說不易生病了。當有個小感冒、著涼了、頭痛、頭暈、精神不濟……只要靜坐運氣來兩圈小周天，保證又是一尾活龍。

靈語

靈語就是天語，也就是靈界的語言，版本有很多種，但基本上都能互通，只要是無極靈都有說靈語的能力（而太極天靈也會說靈語，但相較於無極天靈其機率卻是比較低），靈語它是與生俱來的能力，不需特別去學習，況且能以特殊儀式引導！

當靈體強壯時，或世靈開始要執行天命時，自然就會開口說靈語，但只有靈跟靈要對話時才會說出口，如果對話對象不是靈或神靈時，祂是不會亂說靈語的，所以不用擔心「出槌」的問題。

靈文

靈文通稱疏文，是靈界使用的文字、書寫的報告，當元靈有事情要向靈界稟報時，會藉肉身以朱砂筆在黃陵紙或大天金上書寫一些像蚯蚓般的文字，向天界稟報。（靈文也有很多種類的字體，例如我們人類的文字一樣，每個國家都有屬於他們自己的文字。）

訓乩

肉身胎兒在母體子宮內被充滿羊水的胞衣包裹住，經由臍帶吸引母體養分，也同時吸收了母體的汙穢，所以胎兒出生時，體內就不是純淨的肉體，年齡稍長，各種的垃圾食物，及不當的作息時間、環境汙染……造成肉身的渾沌。

元靈（靈體）既是神靈也是清純的氣體，住在這樣渾濁的環境下如何能安穩？又如何能發揮？所以當務之急就是先來個「大掃除」囉！嘔吐、訓乩、打拳、跳舞、轉圈都是在幫助肉身排除體內濁氣、汙穢，讓肉身成為一個清純適合神靈居住的環境。

會靈

雖然元靈在天界各有職務各有神通，但降下凡塵轉世投胎在肉身上，因為先天蓋被封住，所以只是沉睡中的小巨人，經過肉身的修道，修靈後喚醒了祂，但還是迷迷糊糊不知所以然，這時肉身就要帶祂先去「認主歸宗」了！四處尋訪祂的無形師、指導靈、靈主、靈母或主神，但每個人的際遇不同，也不一定能會晤到自己的靈主、靈母、靈師……，在這方面還是需隨順因緣，有時是自己本身功德不具足，所以時機尚未成熟之故！

靈光病

元靈在累世輪迴的轉世中難免會出一些狀況，如果前世的肉身有心臟的問題或氣管的毛病，又沒有治療好，就可能導致元靈在今世也出現心臟或氣管的病況（由前世帶來），因而靈體的不適導致肉身不舒服的狀況就稱為靈光病！

某些人由於靈體出了問題，身體健康狀況才會逐漸出現違和，所以，有時候不舒服並不完全都是肉身出了問題，而是靈體出現了狀況。但也不能說身體不適都跟靈體有關，靈體出問題的原因很多。

往往因為人不知道是靈體方面的問題，所以一直累積，等到靈體負荷不了，就反應在肉身上面，大部分的靈光病只要正確的修煉或是靈修，就有助於靈體的自行治療，所以會有人在修行之後，身體狀況轉變得更好及充滿健康活力。

魔考

在修靈的過程中，仙佛為了考驗靈子修靈的成績和修道的決心，一定會出些考題來考考靈子，考財、考色、考情……不一而足，也有人稱之為魔考（心魔），特別是考色仙佛常會在睡夢中讓靈子夢到單戀的對象，或初戀的情人，或投懷送抱的異性，如果靈子把持不住，一旦與對方發生了性關係，呵呵呵，那您就考不過了，沒關係你還是可以繼續修，等待下次補考，只要你有決心不管怎麼考你總會過關的。

太極西天佛靈也要「修道」，但以「學佛」代替「修靈」，至於學佛大家應該都很清楚了，就是吃齋唸佛禁慾，潛心鑽研佛理，悟空得性，往生淨土。

西天佛靈以唸經學佛為主，所以常聽佛子對健康不良的親人說：「您趕緊唸ＸＸＸ經迴向，這樣健康就會轉好。」末學實在不瞭解眼看親人在加護病房與死神搏鬥時，心亂如麻平日又沒有唸經的習慣，在那種氣氛心情下能完整唸好一部經嗎？還是只唸一句佛號或咒語來的實惠？

再者唸經迴向的意義是以唸經所產生的功德迴向給親人，若平時並無累積功德臨時唸經就能馬上產生功德的話，那世間就沒有冤親債主的存在了，殺人後唸幾遍經就消業障，每個人都成佛去了，沒有世間人了，或者常聽佛子說：「家裡不乾淨請一部佛經放家裡就ＯＫ了。」

末學斗膽敢問，如果把佛經丟在火裡不會燒燬，丟在水裡不會溶解，末學就相信佛經確有驅魔鎮鬼的功效，否則佛經只不過與漫畫書一樣用紙張去印刷的書籍罷了，希望大家在崇敬宗教時也能用心想想不要迷於表象，否則就成了「迷信」！

遠古時代沒有書籍，更沒有人讀書，所以以佛經來教化世人，讓世人從讀佛經中學習為人處世的道理，讀佛經不是兩片嘴唇唸唸有詞就能榮登極樂淨土，唸經要唸懂經文內容，瞭解其經義，身體力行才能產生功德。

說過了道靈學道，佛靈學佛，再來談談佛道雙修。相信您一定聽過佛道雙修，或師父指點你要佛道雙修，既然學道學佛不能修錯，又為什麼要佛道雙修呢？不是很矛盾嗎？

因為現在社會奢靡，世人只知追求名利權勢，一下子要轉學道或學佛，惟恐不能完全透澈真義，所以才要佛道雙修，但還是有主、副之分，就像求學也有主修科目和選修科目，道靈的主修科目當然是學道，選修科目就是學佛了，相對的佛靈子學佛就是主修，學道就成了選修。

道靈子學佛並不是要你同佛子一樣的整天吃齋唸佛，而是要你從佛經中領悟真義，虔心懺悔今世的過錯，發心行善修德，才能以一身潔淨的元靈回到靈主身邊，而在肉身修行過程中，才不會做個敗德的行者。

佛靈子學道也是要佛子從「道」中體認自然純樸的心向佛，而不會做個偽善的比丘、比丘尼，欺佛滅祖。學佛是要「悟空」，「空」不是「虛無」不是「沒有」，虛無了沒有了，還會有佛嗎？

空是看清一切事物的假象，肉身會腐爛化歸塵土，大石會碎為小石化為塵土，財富會失去，權勢會被奪，只有精神永恆，只有靈生生不滅！學道是要「返樸歸真」，尋找那當初開天闢地所得的「自然」「純真」，以絕對的「真人」才能「復古修圓」，回歸真靈。

摘錄自：妙心隨意窩，2012.11.06

二十九　乩身與通靈

不論無極天靈或太極天靈都是領了天命來到凡塵，乩身或通靈只是祂們完成使命其中的一種方式。

乩身

太極天界的神靈要降靈渡世時，都會選擇凡間磁場比較敏感的太極天靈做為乩身，直接借用他們的肉體渡世，在廟會上會看到他們臉上畫得五顏六色，手上拿著鯊魚劍、狼牙棒、刺針球……猛往背上砍、身上刺，一副鮮血淋漓讓人害怕的乩童，就是祂們的「擴音器」，此外，被選為乩身後還要經過「訓乩」的訓練，因為乩身如果沒有強健的體魄，在神靈降駕「操五寶」時會無法承擔而受傷，有些乩身一開始也是在操五寶，後來配合神尊辦事，累積了功德後才慢慢轉變到靈乩的階段。

通靈

太極天界的無極天界聖祖靈，因為層級比較高超，所用的方式也比較斯文，大多以靈通的方式渡世，祂們會先將要傳達的內容告訴肉身上的無極天靈，然後由肉身將聖祖的意思以白話文或文言文表達出來，所以通靈者也就是一台靈界語言翻譯機。當然在某些特殊情況下，例如療傷治病、驅魔除邪時，祂們也還是要以乩身的方式來展現威力，但動作上還是保持著文雅的姿態。

當神佛降駕時就可看出乩身或通靈者平日學道、修靈的功力了，平時有用功的，在接駕時只要一至二分鐘也沒有什麼大動作，降駕後也能清楚正確的表達出神佛的意思。相對的，平日偷懶功力不足的，或心念不夠純正的，或隨緣墮落的，接駕時可能就需要較多的時間，或有較大的動作，而降駕後也會有詞不達意，甚至會有曲解神佛意思的狀況發生（乩身不穩）。

不論乩身也好，通靈也好，既然磁場比較敏感，那麼會不會也招引魔、邪等外靈來降駕呢？答案是肯定的，因為鬼、邪、魔的磁場都很相近！那該如何避免鬼、邪、魔的降駕借體呢？答案就是前面講過的「學道」「修行」「修靈」，平日有認真在修行，鬼邪魔看到您一身凜然正氣及身邊的金剛護法神，跑都來不及了還會跟您借體？須知，「有道無德必招魔，有德無道難證真」

矣！

被指定為乩身或通靈的人可以逃避嗎？正神仙佛不都很慈悲嗎？會強迫肉身做不喜歡做的事嗎？這個問題應該是您能不能逃避您肉體上的「元靈」。當初自己發的願力與業力是逃不過的，因為要做乩身或通靈的是元靈，肉身只是被牽拖下水，如果元靈從天界降下凡塵前，就已經領了天旨、天職、天命要下來做乩身、通靈、濟世渡世的工作，現在肉身反對不肯和元靈合作，讓元靈無法完成使命，這實在是與仙佛的慈悲無關。

這就好像您在一個公司上班，老闆交待經理廁所要用菜瓜布擦洗乾淨，經理把這工作指派您去完成，而您覺得擦洗廁所太髒太臭不願意做，經理無法完成老闆交待的任務，與老闆的慈悲與否有關嗎？難不成您要站在旁邊看老闆自己去擦洗廁所？您跟經理鬧意見，您想經理會怎樣對待您呢？當然是用各種方法逼您服從囉！如果您抵死不服從，最後不是您低了頭就是鬧得兩敗俱傷。

或許有人說我就是抗拒不從，最後神佛也是放了我啊，而且我還過得悠閒自在。是的，沒錯，表面上您贏了這場人神大戰，背地裡您卻輸了，因為神佛已經把您「放牛吃草」（被貶為普通靈）了，假使是自己的因果，就要去實踐圓滿他！

在這凡塵中，眾生有千萬億，而神佛卻只有數十位、數百位，雖說佛法無邊，但要渡化這許多的頑強眾生，卻也是有力絀之時，但神佛們還是在不遺餘力的辛苦著，我們能不略盡棉薄之力還反要逃避嗎？何況這也是一種功德！

為了渡化眾生，替眾生解決苦難，祂們還要跟著這日新月異的科技時代，拼命學新知識（乳癌、子宮癌、AIDS、SARS、玻璃娃娃、中風、植物人、上網、網內通訊、網外通訊、敲鍵盤、開車、台語、客語、英語、台客語、火星文……凡塵間所有的事物）來幫助眾生。這些科技以祂們那千萬年的「老頭腦」來講是不是也太困難了些，但我們有聽到祂們叫一聲苦嗎？或拒絕學習嗎？（鳳凰山脈慈凰宮主神準提佛母，乃是三千年前證道的！）

今天我們一面祈求神佛的幫助，一面卻又拒絕為眾生服務，肉身是否太自私了？對神佛又何曾公平呢？況且我們身為凡人，又何德何能要求神佛對眾生的因果業障概括承受呢！

在無可逃避的情況下，部分的乩身或通靈者就會自暴自棄，過著行屍走肉的生活，抱著過一天算一天的心態度日，不知藉機好好修行，等到退靈的那天卻是一無所得（非指財物）。

也有的乩身或通靈者以為自己是神明的代言人、化身，因此心高氣傲目空一切，導致修行偏差，背離修道宗旨，終致引魔上身，為了渡化眾生，反而自己墮落；或者以為自己已有神通能力，藉此騙財騙色、與人通姦、不解因果、阻斷眾生之因果討報……，因此，無形中消耗了自己累世的功果而不自知，更是承受了對方的因果業障，其終極下場是苦不堪言。

部分的乩身或通靈者眼看眾生急需渡化與幫助，因此心生貪念，誇大或捏造眾生的因果，或巧立明目恫嚇眾生，藉以收取高額的錢財，如此渡世已經悖離了神佛的旨意，更是違逆了元靈下凡修行、了愿、晉升的目的。也有一些本身並無渡世使命的人，因為看到有利可圖，因此花錢、花時間、花精力拼命的去學習靈通，其目的無非是貪圖錢財，等到學有所得時也就是他們開始斂財的時候了！

乩身或通靈者即為神明的代表（神佛代言人），為什麼部分的人做了許多背德叛行的事情，卻沒有看到他們被處罰？這些害群之馬只是還有利用價值，所以暫時容許他們猖狂，做為修行者的借鏡，因此，也考驗其他的修行者是否會像他們一般墮落？等到時機一到，這些敗德的乩身或通靈者，就將面臨殘酷的處罰和悲慘的命運！這也正是所謂的「可憐之人必有可恨之處」，人都是看表象，不解因果，看到對方可憐，便起了同情心，濫用慈悲心，這在我們看來即是「愚善」。

很多人以為帶天命渡世就是要「開宮濟世」，所以臺灣現在三步一宮、五步一廟，這是個錯誤的認知，也就是沒有好好學道、修行、修靈所產生的誤解。每位帶天命下來的元靈都有不同的任務，傳道、授業、解惑、醫病、消障、著書、行道……，如果因為誤解而做了錯誤的決定，只會為自己帶來反效果，或許有人會說：「我都已經在行天命開宮濟世了，為什麼還這麼不順呢？」原因就在這裡，走錯了方向！

乩身或通靈者為眾生辦事會不會替人背業障？會不會被眾生的仇家追殺？

神佛讓您濟世救人卻讓您背別人的業障或被追殺，太不公平吧！每位領天命下凡塵的元靈都有祂的職責與權限，在職責與權限範圍以內的，儘管放手去做，不會有後遺症的問題，但當超出職責權限時，就不能因為好大喜功而自行處理，應轉請權限較大者處理，若實非得已也應先請示主公、主母，如果主公，主母答應了自會協助處理，而後果也會由主公、主母承擔！

當然乩身或通靈者在替眾生處理事情時，難免會經常要與「陰的」打交道，而陰陽兩界畢竟不同，雖然祂們未必有傷害乩身或通靈者的意思，但難免肉身會受到影響或傷害，這時就要靠乩身或通靈者平日的修為了，道行較深的知道如何為自己療傷，或報請主公、主母代為療傷，或賜下無形護身法寶，千萬不要有了傷痛還悶聲不響，默默承受著。而修行淺的或只一味害怕逃避修行的，這時可能就要自求多福了，這就是一直強調要學道、修行、修靈的目的（煉精化氣、煉氣化神、煉神還虛、煉虛合道）。

乩身或通靈者行天命辦事時要不要收錢呢？

這個問題很難定奪，因為神明是不會收錢的，錢對神明來講沒有意義，也用不到，（但若是捐錢助道、幫助道場能夠正常營運，那也是功德無量），神明要的只是眾生的誠心修行！一般大宮廟多有贊助，或有收香油錢，但如果您本身有工作、有收入，不愁生活，辦事是服務眾生，也是積功德，就不用考慮這個問題了。

如果是領有旨令辦事且要維生那就只好自行斟酌了，餓著肚子也沒辦法辦事啊，只要用於宮務、生活需求、大公無私、不貪求、你情我願、秉公處理即可。（註：因為許多會來問事者，大多是業障纏身，若是無功無德如何化解因果業障呢？）

為何會說神通抵不過業力？

因為個人業力還是需要個人去了，財施、法施、無畏佈施，功德無量，試問若是累世殺死三條生命，今生這三條鬼魂在當事者體內，手執黑令旗要討報，神佛要如何才能化解呢？你認為當事者要如何行功立德，三條冤魂才能放下殺身之仇呢？

乩身只是提供功德願力，供養道、經、師三寶，幫助道場維持開銷，供養三寶功德迴向自身精氣神三寶，神佛只是扮演溝通協調角色，不能幫你概括承擔所有的因果業障！但開辦聖事總不能犯了貪戒，否則辛苦修來的功德就破功了！

當深切瞭解了乩身或通靈者的天命後，其實沒有什麼好害怕、恐懼、惶恐的了，反而應該抱持著歡喜心為眾生服務，而且在尚未開始服務前就應先認真學道、修行、修靈，做好事先的準備，也要博學群覽，增廣見識，多閱讀證道仙佛之經典，成為大善知識，到時才能做個「稱職」的代言人或傳令兵，而不是一個沒有靈魂的傀儡！所謂十年修得同船渡，百年修得共枕眠，就是隱喻沒有十年的修行功力，無法同證法船修得正果，試問自我用心學修多久時日了？沒有明師引導真能自修自悟嗎？

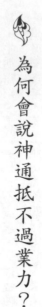

不管如何，真心學道修行者，代天宣化，替天行道，弘揚正道，教化聖理，闡揚佛道，責任不同，一律尊敬，共創大同！共勉之！

【妙德法語】

世俗紛擾，唯心所造，唯心所擾。
性為欲牽，靈為心絆，清靜為德。
貪欲瞋癡，癡迷顛倒，遣欲其心。
化轉迷頑，心法為要，心靈常靜。
二六時中，審視慎觀，靈心慎發。
發乎其中，動乎其微，觀照其念。
執此以往，欲本無存，常清常靜。
真常應物，欲不擾心，物不擾靈。
煉心靈清，煉靈純真，煉炁化神。
心靈真靜，神靈純一，先天炁存。

摘錄自：妙心隨意窩，2011.07.31

三十 靈擾&靈動

其實眾生的靈質是與生俱來、人人皆有，只是差別在於感應的強弱。有些學道靈子感應力稍微強一點，能感應到一般人感應不到的磁場與氣場，甚至看到一般人看不到的異度空間，此現象有好亦有壞，就如同所有的事物皆有正反兩面。

也因為如此，磨難與考驗會比一般眾生多更多，無法承受的，不是自殺、就是精神異常、神經質、人格分裂等等，這些是負面的結果。

若能靠自己走出瓶頸與磨難，就能比一般人更了解身、心、靈的真實義，在往後的日子裡，就能以過來人之心態，將心比心的來引渡有緣人，而這是正面的結果。靈擾或靈動的方式看起來好像差不多，其實原因不盡然相同。那麼下列幾種因素，可能就是造成靈擾或靈動的觸緣與觸因：

因果業障

冤親債主假藉神佛之名，鬆懈修道子之戒心，在不知不覺中引導修道子走向自我毀滅之路，待驚覺發現時，已情財兩失，一無所有，目的是讓你生無可戀，燃起輕生之念。

心魔

心正魔難生，內外皆不侵，心會生魔之眾生，起因大都起源於心術不正，戀慾執迷，迷失真我，讓魔由心生，自造兩我，尤如將內心的善與惡分割成兩人。

無論做善事或惡事，內心皆會搖擺不定，甚至也會假藉神佛之名，讓你相信祂說的是真的，要你照祂的話去做，不做就會有不幸的事情降臨，藉此以恐嚇你。

元靈

元靈之強弱有因先天與後天，「先天」乃是元靈下凡前所修之靈力，「後天」乃是肉身所修之靈力，彼此可謂息息相關，但因身處凡塵，最後取決常在肉身的決定權。

所以，就算是神靈分靈化生之元靈，若肉身一樣不想踏實地學道修行，執迷情慾，元靈也無可奈何，只能用靈動或感應等方式讓你知道祂的存在與心情，而流淚是祂們最常用的方法，感嘆肉身之癡迷不悟！

陰靈

一般指屬陰之靈，人往生之靈，動物之靈皆可算是，若是一般的好兄弟，只要燒些紙錢便可解決，若是遇到恨意極深，眷戀世間不去之惡靈……便要先了解其中之原由，並與其解冤釋結，因為主要目的是要你命不是要錢，而動物之靈大都只要超渡便可，只有少數陰靈是有其特別目的（有冤屈代申或要事相託以了心願等等）。

妖精魔

妖精有妖精界，魔有魔界，如同神有神界，佛有佛界，仙有仙界，各自有各自的戒律，默契不在言中，凡事不可多說，玄機不在字裡行間。而會被妖精魔侵體的，通常都是有其特殊因果，一般人是不會遇上的。

陽靈

一般是層次較低階之神靈或善靈，較高層次之神佛是不附人身的，如同已經成年之人，要穿嬰兒之衣物行事，本末倒置，豈不怪哉。所以會附人身辦事之陽靈，大都是功果未成，借人身修功德，以求證得果位，或是求得更高之神職，一般以太極神靈居多或是無神職之善靈。

而較高層次之神靈極少以本尊現身渡世，大都是其座下弟子下凡辦事，但其名號依然是用其師尊之名號，所以眾生若知其因由，便會了解為何各地辦事之乩身，會有法力高低之差異了。

而高層次神靈下凡辦事，通常是直接用靈語與修道子對談，或是在修道子腦海中顯相感應告知，藉此來解決眾生之問題，與神靈附體辦事方法不同。

所以修道子若是遇到靈動之情形，應先靜下心來，謹慎求知因由，莫一聽自稱是某某神佛便滿心歡喜而失去判斷之心，倘若不是真神佛豈不是自愚愚人，自欺欺人呢！也切莫急著去宮廟堂詢問，否則問五間五種解答，豈不是讓心更加混淆迷惑。

彷彿拿大學題目去問小學生，答不出很正常，能寫出答案的都是亂答一通，有些乩身本身已執迷不悟了，又如何能幫修道子解惑呢？

真正高人不出世，沽名釣譽非高人，然而真正有靈驗之宮廟堂並不是沒有，只是一切端看有緣無緣與否，眾生切莫太過於強求。

當某個過渡時期過了之後，無靈動才能修至更高之境界，畢竟是「靈」在動，而不是「你」在動，是「自己」在幫「靈」修行，而不是「靈」自己在修行。然而，這也是修道靈子必經之路，要真正了解身、心、靈之意義。才能修真我、修真靈、修真心。

摘錄自：妙心隨意窩，2011.09.15

三十一　真正的靈療

真正的靈療可以不需藉由任何的形式、道具，及輔助器材，單憑雙手，凝聚宇宙能量，就可以達到療病之效，這就是真正的靈療。

至於為什麼稱為「靈療」呢？「靈」是靈通、靈異、靈魂，以及高能量靈氣之義，真正的靈療，是靈療師接引高能量的宇宙先天靈氣（或神、聖、仙、佛、菩薩的能量）傳遞於患者身上，治療靈體，洗滌病氣（濁氣），而達到療病的效果。

而靈療師本身的功力，其磁場能量必須要能夠穿透重重的靈界（異次元）空間，才能接收到高能量的宇宙先天靈氣，這本身就是一種靈通且神異的現象，這不同於中西醫，以及一般氣功的療理。

有形的肉體生病，無形的靈體（靈魂）也會生病！而心理生病，同樣也會造成靈體扭曲。所以，身、心、靈是不可以分開而論，在療理疾病時，同樣也不可分開而治。

而人之生病，除了身、心、靈的不協調外，還有「業障」和「無形冤親債主」的因素。中西醫以及一般的氣功，無法深入心靈以及業障和無形界的範圍，所以為什麼現代人的許多病無法治好，還需要藉由高能量的靈療方式來療癒。

靈療對現代人來說，仍然不夠普及，而且玄異。更多人假藉靈療之名而招搖撞騙，更是時有所聞，使得真正會靈療之人，而遭受無妄之打擊。

靈療還是會有功夫層次上的差別，而靈療高手除了療病外，更能出手就可化解卡陰、業障、超度眾生，以及去除邪術等無形的負陰氣場。

但有一點需清楚知道，靈療師在幫助他人靈療的當下，同樣的也必會承擔到，對方所傳來已身的那些種種的「負能量」，而真正「高能量的靈療」本身，必須先開啟自身的中脈七輪後，再加以修煉。

否則僅憑雙手所發揮出來的，也是極膚淺的能量而已，當我們的中脈七輪開啟後，自然就可從自體中，接收到先天宇宙能量，運用此先天能量，傳導於他人身上，這就是真真實實的「靈療」。

人體的能量場「中脈」乃是人的小宇宙身體，所形成的自然能量場，此自然能量場在人體之中，從頭頂中央百會穴（頂輪）至人體正下方會陰穴（底輪），形成了自然能量柱，稱為「中脈」。

而在這中脈之內，又形成了七個中脈能量點（或稱為穴），這七個穴，發出肉眼所不可見的輪狀光芒，稱為七輪，又叫做「七輪穴」。

輪穴的另一名稱叫「靈穴」，乃是「靈通」之意。「靈穴」的開啟，也是打通了「物質世界」與「靈界」之間的橋樑。這就是為什麼我們原本具有的潛在「神通」或「感應」會顯現出來。

如果靈療還需要藉由水晶、光能，或其他號稱有能量的礦石來增強療效，那可就別被唬住了。這根本不是真正的靈療，只是假藉靈療名義而執行的一種心理作用的儀式罷了。

中醫氣功師嚴新認為，練功者重德，首先要把主導思想端正，要適應社會發展，順應社會大潮流。重德要靠修持，以恬淡虛無為常。他認為：「我們每個人都有生物電磁場，或者叫光輻射，或者叫輝光，氣功則稱為『氣』。就是說每個人體內有光，體表也有氣，而體內之氣又分為物質和功能的。

物質之氣和功能之氣綜合起來又稱為真氣或者元氣，通過有功的人在用功狀態下有可能從病人體內將它推動，或者將它激發，或補氣、提氣、散氣。也就是說，氣功醫師發功狀態下使自己的氣感加強並發出部分外氣，作用到病人身上，與病人的氣相互發生作用，而後再吸收回來。

在這個過程中，氣功醫師就可能感應、體察到病人的一些異常現象，這就是感應查病。這種感應查病方法，還可以突破時空，既能查病，也能發放氣功資訊進行遙治，收到不可思議的治療效果。」

修煉者於靜坐當中藉由煉氣來調整自身氣場脈絡，累積相當的能量，如此，才能自發性的開啟中脈七輪，而不是刻意去請他人來幫忙開啟，這也就是說中脈七輪是要靠自己的修煉，由自己來打通，親自體驗到無形法的能量與玄妙，這非是常人所能理解的，修行必須要先懂得自保！若是情非得已，儘量不要讓他人碰觸到我們的身體，如此，才不至於讓他人有機可乘！

三十二 學修該有的心態

許多人在接觸修行、靈修、禪修已經多年，但道功方面一直都無法晉升，詳細瞭解之下，發現起因都源自於心態問題，學修的觀念與心態非常重要，但常都被人們給忽略！為何會說學修無法提升，跟靈子的心態有相關聯？

許多人對於學修一知半解，不知不覺常會落入型態式的修行，也就是習慣性的參班、聽經聞法、參與法會、靜坐、念經等，但從沒往內在心靈去探討與瞭解，參悟宇宙間大道真理，尤其對於自身靈性無法尋找心靈出口，而將這等大事給忽略掉，所以，修行越修越倒退，越修越鬱悶，越修越苦悶。

而且對於自身的靈源靈脈無從得知，三世因果也全然不知，你的靈來自於何處？為何會於六道輪迴中輪轉不息？為何需要學修？該如何突破學修的盲點？如何契入正命盤？累世或者今生如何了業？如何了緣？如何了願？

我們瞭解他人比較容易，要瞭解自身非常困難，這並非自修自悟就能得到因果解析，也並非不要理他隨他去，就能化解冤欠。所以，我們才會不厭其煩地再三強調，修行必須要「開悟與修真」，「悟道、得道、證道、成道」，必須要修對法門，切勿以盲引盲，盲修瞎鍊，這就有如盲人騎瞎馬，臨險不知焉！

須知，我們人生僅短短的三萬天，說長不長，說短也不短，我們無法增加生命的長度，但卻可以增加它的寬度與深度，只在於你是否能妥善地利用每一天，幫助自己靈性成長的每一天。

學道修行首先必須要立願了願，方向目標鎖定後，從內在心靈去做改造，從「生命計畫書—本命盤」去落實執行，「信、願、行」堅定意志，堅強道心，矢志不移，勇往直前。

修行難就難在於無法在二六時中做自我審查，無法自我檢視檢討，更無法接受糾正與指責，遇到這種情況更是難於轉念，更遑論能夠真修實練踏實地精進，況且該如何提昇靈格？

二六時中：古時一天的時辰可分為：子、丑、寅、卯、辰、巳、午、未、申、酉、戌、亥，等十二個時辰，「二六時中」就是指2x6=12個時辰之中，也就是時時刻刻、任何一個時候的意思。

遑論：不必說、不用再說。連這點小事都做不好，遑論要成大功、立大業了。

所以說，修行、靈修、禪修等各種不同的學修法門，都一再地強調著，修行者必須先從心性的調整，觀念的改變，其所行所言之道，才能不偏離正道。那麼如何得知所修之道，是否方向錯誤呢？

從你的一言一行當中，從你的起心動念當中，自我審視、自我檢測，是否學修的動機與心態已經偏差了呢？為何如此的說呢？

謹記一件事——修行、靈修、禪修，它不是讓你逃避現實世界的一個藉口，不要認為在服務就是在修行，許多宮廟堂的服務人員、志工、義工，他們勤於勞動服務大眾，不論是否領有薪資，但他們都不是修行者。

真正的修行者必須從內在心靈去做改造，也就是我們常說的「清命骨」，從八識田中「阿賴耶識、黑盒子」當中，去將我們累世深藏的「惑識」轉化掉，粗惑識能轉，再深化內在深藏微細業種，變化氣質後的你，絕對會令身邊的親朋好友都對你刮目相看。

表象修行的人其言行舉止當中，習氣、毛病、脾氣常都顯露無遺，除非你是一個喜歡戴著面具在修行的人，一般人無法一眼看出，但是，只要獨具慧眼的行者，馬上就能看出你是真修還是假修的「表象修行」人。

常言道：「外境難知心性，一遇緣境方知」，內在心靈深處是否轉變，只要觸緣一到就可驗收你的修行成果。若不知趁著今生這殊勝的先天大道勤於學修參悟，等待肉身壽元將近，再來後悔當初為什麼不知精進，則悔時已晚矣！

倘若你未曾涉略「深藏修行」，縱使讓你再修個二十年、三十年，煩惱、習氣依舊，毛病、脾氣、氣質依然無法改變，如此，怎能稱為「修行人」呢？真修行人他不會「逢人說項」，到處為某人某事吹噓、說好話。

所以，真正學修之人，他們不會把「自己是修行人」給刻意標榜出來，也不會時常「出口成髒」，若是你遇到的老師或「名師」，素質涵養不足，舉手投足讓你無法接受，那麼你就該好好思考，是否跟錯老師、入錯法門了呢？一個有證量的「明師」，他／她不會標榜自己是明師，也不會在穿著上，打扮得光鮮亮麗、穿金戴銀的，只在乎靈子修士們是否真心學修，真心了業、真心了因果、真心了願。

所以，學修的心態非常重要，學修的動機也更是重要，「莫忘初衷」大家都會說，但有幾個真能做得到呢？所以，你瞭解自己了嗎？你對自身的三世因果全然清楚了嗎？

【妙心法語】

無學不能修正、無修不能正心；

無行不能實證、無證不能悟法；

無悟不能證道、無法不能合道、無「道」不能化解「心魔考驗」。

學修就是在發現自身的問題，從而改變自己、改過遷善，再來就是徹底的改造自我，這就是在改運，也更是在改命了。正如袁了凡先生在《了凡四訓》中所說的：「命由己造，相由心生。」

雲谷禪師說道：「凡夫因為不能無心，所以難免為陰陽氣數所束縛。但一個人，果能誠心竭力，為善不倦，命數就拘他不定。」

反轉來說，如果肆無忌憚，怙惡不悛，那麼，命數也保他不住。雲谷禪師亦云：「所謂求，並不是向外企求，乃是教你求己。就是向自己內心去求。即所謂：『修身以俟之』的道理。」

這修字是修理，也就是修養，是教人改過遷善的意思。下手方法，最要緊需存恥心、悔心、畏心、勇心，方有實效。這俟字，就是靜候，是教人積德邀福，靜心等候的意思。切不可存覬覦心、將迎心，只要至誠懇切、盡心竭力去做，雖時間遲速不定，而結果沒有不報的。

學道、修行、靈修必要抱持——從前的種種一切，譬如昨日死，以後的種種，譬如今日生。也就是道家所謂的「人心死，道心生」。這就是義理再生之身，可以上格天心，挽回命中之定數矣！

須知，境隨心生，有什麼樣的心就會有什麼樣的境，自然就會結什麼樣的緣，從這個意義上說心與緣是一體的，緣由心定，緣起於心，而修於心，所以修心之道乃人生之大道也！

三十三 神通與人通

藉此因緣與各位靈子修士來談談「神通與人通」這個主題，由於現在的世界人口靈體組成，跟千百年前已經有很大改變，靈體也是依循進化論的。

我們可以清楚的看到，二十一世紀以前人口是以普通靈與進化靈體為多，在全體人類共同努力之下，到現在二十一世紀中地球上人類的靈體，已經是以先天靈為居多，先天靈大約占有六成，這個是大環境人類全體（累世）長期努力的成果！

在未來兩百年中（順利的話），也就是二〇一二新世代來臨開始，地球人口組成會進化至完全以先天靈為主的世界，漸漸地朝世界大同、五教同源之世界而前進。

現在讓我們回歸到，今天的主題神通與人通。其實，由於人口組成的靈體，已經是以先大靈為主，所以能夠感應得到靈界（看不見的世界）的人越來越多，原因其實很簡單，靈體是能量，以波長的理論來看，能量遇到相同波形的能量會共振，會提高彼此的波形，若是遇到相反的波形，就會抵消波長，就會變短。

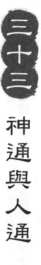

這是以現代科學的角度來解釋，以常用的話語來說，就是相應或是相斥。「相應」就會讓人覺得感動、溫暖、流淚等反應。「相斥」就會產生不舒服的頭暈、噁心、寒冷等反應。

這就是為什麼越來越多的人，都能感應到無形世界的原因。請接受自己的來處，不要害怕探求自身的靈源、靈脈……而藉由修靈來與靈體達到更密切的連結！

所以說，人要有智慧，有智慧才能做出正確的判斷。倘若人沒有智慧，也沒有關係，就可以先借用神佛、菩薩、基督、阿拉的智慧。怎麼借用？就是要親近善知識，其實經文、道書、經典就是祂們已經準備好，留給在地球上的我們最好的靈性教科書。

說實在的，神通是先天靈修行過程中會自然產生的狀況，原因無他，因為靈體是天人，透過修行自然身體跟靈體會產生連結，之後就或多或少都會有一些神通。（夢境、第六感、靈感、預感（言）、靈療能力）這是自然現象，不用大驚小怪，要用自然的心情去面對。

因為這樣的狀況會越來越多，在過去少見才會多怪，在現在其實只要學會用正確的心態去「面對」，用正確的心態去「接受」，用正確的方法去「處理」，最後就可以輕鬆地「放下」，無罣無礙。

你我有著相同因緣，都投身在地球這個美麗的藍白星球，這是一個需要分工的星球，倘若這六成的先天靈菩薩，都去修行都去傳教，那社會功能就會大亂。

所以老天爺一直強調修行在紅塵的重要性，不論是一位老師、一位醫生、一位農夫、一位政要、一位法師、一位母親，不論我們在社會中的工作是什麼？只要全心付出在自己的工作崗位上，為社會的安定進步出一己之力，都是最好的修行（先完善人道的修行，才能更進一步進入聖道之門）。

二十一世紀這個新開始，信仰請回歸自己與「主神」之間的關係，找到源頭「認主」，在「認主歸宗」後與之相應，你所有想知道的答案就在我們的「本靈」，宗教要回歸原始經典，神佛、菩薩、上帝、阿拉都是開大門走大路的。

修行是修自己的靈性提昇，不是去東家長西家短，到處論斷是非，處處毀壞別人的法身慧命，而造下口業、墮獄業，也千萬不要死心眼硬要走小路、外道、捷徑，這些羊腸小徑除了難走、還更會迷路。

我們服務接引眾生，是採一對一的接引，由於自己對於宗教也曾經迷惘困惑過，所以瞭解遇到這種問題時靈子們心中的苦，真的是一種煎熬，也一再強調我們只是走上靈性提升（歸元）的道路，並沒有所謂的殊勝，只是幫助各位與我們一起往同一方向行走去。

正所謂「師父引進門，修行在個人」，回去之後畢竟還是要靠「自己」面對這一個人生旅程，解決當下的問題，是逆增上緣，人往往都要生命顯現了阻礙，才會低下頭來省思（反省、懺悔、改過），希望藉由這樣一個機緣，靈子們可以找到今生的方向與目標，得到一生受用的方法！

以這樣的心態來看問事這件事，才是真正有意義的。我常說：人不聰明沒智慧，沒關係，腦袋要清楚！慢慢來學習，最要不得的是，不懂得謙虛，常常自以為是，連最基本的做人道理都不懂，互相尊重也做不到，如此，真是悲哀啊！

命，是你自己在過，我們只是助緣，你若珍惜就是善緣，你若是不珍惜，就是沒緣！假如了解了因果，想在這條路順順利利一起回家，就該好好如法，依法不依人，珍惜一切，感恩一切，不論是逆緣順緣，日日是好日、人人是好人、事事是好事！知道我們主要是要修什麼嗎？就是這個緣，回到源頭，究竟圓滿！法界緣起啊！

摘錄自：妙心隨意窩，2011.06.05

三十四 靈逼體&睡眠障礙

在諮詢問事的個案中，發現許多靈子修士都有一個共同的困擾，患有嚴重性的睡眠障礙，但以我們的經驗，相信只要能找到造成睡眠相關障礙的主要原因，就有可能療癒這惱人又惹人頭疼的症狀。

「睡眠障礙」這個問題一直困擾著現代的許多人，越來越多的新鮮人，都有著相關於這方面的頭疼問題，而一般在就醫診治時，醫生都會說：腦神經衰弱、憂鬱、躁鬱、焦躁、不安、自律神經失調等等，頂多也只是開立鎮定劑、安眠藥作為輔助睡眠，但只要斷了藥物治療，遇到壓力上升時它又會發作。

所以，這也只是治標不治本，但是睡不著覺又要工作上班，怎麼會有體力呢？長時間下來，十個有九個人會累倒，而不是病倒。我們十幾年來親身的體驗與經驗，分析整理以下幾點，引起夜晚睡眠障礙的關鍵與誘因，會造成晚上睡不著覺失眠，常見的因素可略分為下列幾點：

⑴ 習性、慣性、惰性是造成夜晚不睡覺的「習慣型失眠」。

(2)煩惱、罣礙、雜事、牽掛，放不下所造成的「煩惱型失眠」。

(3)靈擾、卡陰、卡內陰、卡外陰，受到干擾的「靈擾型失眠」。

(4)靈逼體、心靈空虛、無方向目標，尚未走到既定正命盤，這是典型的「靈逼體失眠」。

(5)累世記憶種子……莫名的不安、惶恐、無法安定心靈的「驚慌型失眠」。

不知你是屬於哪種的失眠困擾與障礙？上述幾點夜不安眠的困擾主因，就屬第一項比較容易化解，但也要得法才能改善，亦即是習性難改，必須有人來督促及幫助調整睡眠習慣，如此，才能真正改變熬夜的壞習慣。

但是屬於惰性的人則比較難以調整，因為惰性而逃避工作、逃避現實生活的勞動，這種個性的失眠者，身邊必須得有一個非常嚴厲的長輩或者上師的約束，才能調整其睡眠習慣。

第二項「煩惱型失眠」則是平時的人心過重、牽掛太多、慾望過重，在意太多身邊周遭的人事物，過度注重而導致無法放下。什麼事情都想要盡善盡美，只要家人親人朋友無法順應自己的心意去做去走，潛在心靈就會覺得委屈難過，而時常讓自己陷入心靈困境當中，這種類型的人掌控欲很強，占有慾也非常強，時常想得很多，但是卻做的很少。

這是屬於「光說不練」的人，要求別人嚴格，對自我要求卻是非常鬆弛、鬆懈，甚至是屬於散亂無序的人，這種個性的失眠者，初步的改善方法，該學習看淡人世間的利益得失，並瞭解每個人都有其獨特的因緣果報。

最主要的是須改變平時的生活模式，學習禪坐、放空、修心養性，改變待人處事的態度，反求諸己，思想盡量越簡單越好，凡事不要把事情複雜化，慢慢就能夠單純的面對自己的人生，這樣也就能逐漸地改變自己的睡眠品質。

反求諸己：「凡是遇到與自己觀念不合有某些狀況發生時，都要先反過來檢討並要求自己的不當之處，而不是遇到橫逆時就先責怪別人。」

例如自己喜歡或愛上他人，而他人卻不肯親近我，這就該自我反省，是不是自己的條件還不夠？導致他人不喜歡親近我呢？

在治理公司或管理團隊時，有人不肯接受管理與教導，這就該自我反省，是不是自己的智能、智慧還不足呢？自己禮遇他人，而他人卻不回敬於我，這就該自我反省一番，是不是自己的作為還不夠謙卑禮敬？

為人處事若能時時恪守「反求諸己」的原則，就隨時隨地都能自行警惕、自我約束、自求改進，久而久之，身心靈自然會逐漸趨向端正無邪的境地。

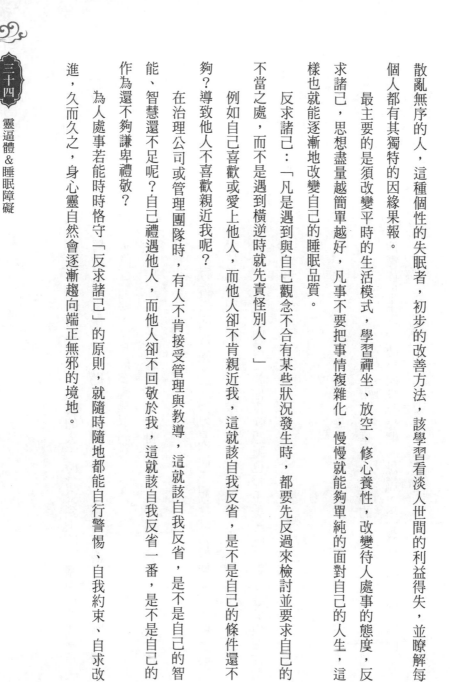

第三項「靈擾型失眠」，若你是屬於極度敏感體質的人，時常受到卡陰、靈擾而造成嚴重失眠的困擾，那就得往更深一層的靈學來作探討，從基本原則來說，身體防護網不夠，金剛護體不堅實的人，才會出現靈擾、卡陰等問題，而直接影響睡眠品質。

關於這類型的人，必須走入學道、修行、修煉，才能自渡自救，否則，誰也無法幫得上忙，時常收驚、化煞、祭解，充其量也只是治標不治本。

第四項「靈逼體失眠」，這是自己的世靈、元靈看著肉體不想接受天授使命（天職）的安排，藉由各種理由逃避而迷戀於凡塵中，漸漸地脫離設定好的命盤軌道，未走到既定之正命盤。於是世靈、元靈祂們想盡辦法逼迫著肉體，讓你夜晚想睡也睡不著，吃三顆安眠藥也讓你精神百倍，若是如此還拉不動肉體學修、接受天職使命，便會集合你所有的業力來打擊你，直到你招架不住，願意妥協為止。

以上幾點夜不安眠的種類，就屬第五類最為難以治癒，在阿賴耶識裡的潛意識之記憶種子，只要遇到類似的觸緣它即會被催化發酵，而激發出來，凡是屬於此類的失眠者，都是必須要藉由身心靈的療癒課程……慢慢地釋放累生累世的負能量及恐懼、恐慌、不安等等的負面情緒因子，然後再配合學道、修靈、修行、禪定、修煉，如此，方有完全痊癒的機會。

三十五 為何解因果無法盡如人意？

該如何濟世救人才能達到盡善盡美？解因果無法達到盡如人意，主要是因為凡人俗心之氣息過於嚴重，會習慣性地選擇自己想聽的部分來予以採信。

或者是該因果解析已超出「祂」神佛的能力範圍，神佛菩薩的權限有其天律在約束著，須知，神佛菩薩祂並非是萬能的，例如就像醫生一樣，必須要有專科醫生分門診治，你總不能讓一個內科醫生去為病人操刀吧！

在二十一世紀的神佛觀，與二十世紀的神佛救世儀軌已截然不同，在新世紀地球磁場轉換調整之下，人類的思維模式也要跟著調整，才能與宇宙的能量場接得上軌道。

我們誇越在二十世紀與二十一世紀當中，對於神學理論與玄學學術，有著相當大的關聯性，它在新世紀的神學觀念上，會影響我們對於神佛濟世的模式，冠上了與舊世紀的辦事模式，直接想要為其劃上等號。

世紀的調整與天規戒律的改變，這是鮮少人會去提到的，天源、天條、天戒律，上蒼經過多方的考核之後，終於做出不同以往的改變與修正。

所以你們現在所看到的神佛救世，已不是當初乩童降駕辦事的模式了，乩童辦事的神蹟效果會很高，但不查因果，就是因為這樣乩童在辦事的過程當中，無形中常會承擔到對方的因果業障而不自知。

曾經遇到二十世紀辦事的退休乩童，祂（太子爺）在幫人家處理事情後，對方身體痊癒了，但是乩童卻承擔到對方的因果業障，而受到因果靈的討報，後來還得知太子爺觸犯天條，因而被關禁天牢許久，還是他們家王爺為其說情才能夠被釋放出來。

這就是乩童辦事的盲點，靈乩辦事其準確度取決於神佛的位階，及靈乩的靈格層級，還有就是靈乩是否師出有名，師承何人？仙師來歷等等，做為一個神佛代言人，對於以上各項都需要清楚明瞭，如果無法明確的了解自已本身之屬性與權限，如何能夠為眾生來解決問題呢？

解因果為何無法盡如人意？這就要看當下是由哪位神佛菩薩來提供訊息？而且為何有些人問事查三世因果，所得到的答案怎麼都不相同？其實這當中會有些許的變數，就是當下所查到的是第幾世？而且所顯現出來的無形師，常常會被誤認為是主神！這也是一個很大的盲點。

有些人對於主神、無形師、指導靈師、靈主、神尊的定義，不是很清楚明瞭，所以造成他們在名相上的解讀有點模擬兩可，而又似是而非，讓靈子修士們時常摸不著頭緒，也真是難為靈子們於修行路徑上的尋師訪道。

而千里訪明師、萬里求真道，所得到的竟是失望與失落，再加上浪費太多的時間、金錢與精力在這上面，看在眼裡實在倍感心酸與無奈啊！

我們勤於在網路傳道、授業、解惑，編寫學道、修行、靈修、修煉的相關文章，藉由文章的引導，幫助更多迷途修士，讓他們可以更快地接上主脈、靈源，期待大家在今生的轉靈、過關、提昇與超越，能夠順利的回歸主脈源頭，完成復古收圓的願力。

三十六 靜坐的觀念：靜坐的時間

自古以來，靜坐就是一種普遍的修練方式。而且靜坐的方法，因個人的喜愛、經驗、目的，而延伸出許多不同的靜坐功法。雖然仍有許多人對於靜坐仍抱持著懷疑的態度，甚至因為害怕走火入魔而不敢嘗試，但是想想我們敬愛的佛陀，祂在開悟之前不也是在菩提樹下日夜靜坐嗎？還有影響近代佛教甚深的達摩祖師，不也曾面壁九年嗎？印度的瑜伽行者、中國的煉炁士，無不都是在靜坐上下功夫，以達到境界的提昇，所以靜坐可以說是修行上很重要的一種訓練課程。

很多人在修行上一直無法突破瓶頸，最主要的問題乃是在靜坐的時間不足，定靜功力不夠，靈無法得到充足的靈能供養而成長，心性也就難以轉變與提昇，即使讀遍各種經典，也只是徒備知識的經師而已，對智慧的提升，沒多大的幫助。所以我們週遭多的是滿腹經綸的經師，卻沒幾個是真正悲天憫人的智者。

我們因為天命靈修而靜坐，靜坐時吸收宇宙能量，將之轉化成靈所需的靈能，再加上行功立德漸次的了斷個別因果。所以要解決生活上的困境，不只要努力工作，更要努力地修煉定靜功

——亦即修持「戒定慧」三無漏學。當你了解並願意相信靜坐，可以對我們人體產生非常大的利益之後，趕快以懺悔的心境放下一切，趕快進入靜坐修行的領域吧！

有些前輩不贊同靜坐，除了有走火入魔的疑慮之外，現在有很多的天命靈修者，一旦進入靜坐修行的領域，出現的問題必然一大堆！除了需要較多的時間解惑指導，有時候又會碰到自己無法解決的問題，這時候要前輩們承認自己的能力不足，是有點困難，只好瞎掰一番，但是問題沒解決，以後的困擾又更多，所以乾脆告訴你不要靜坐，這樣才不會走火入魔。

可是這樣又不甚妥當，這可是會誤了他人修行的進程，如果自己實在力有未迨，不妨找個高人支援或將之介紹給有能力的指導者（當個善道引導人）。靜坐中有雜念是很正常的現象，只要不干擾到靜坐就不需要太過於在意，如果是已影響到靜坐可考慮持咒、持佛號，或者換其他地方靜坐，但是最好的方法還是請教前輩們指導較為妥當！

靜坐的時間

每天清早起床梳洗完畢，精神舒暢時是靜坐最好的時刻。靜坐前可喝少許流質食物，切記，過餓或剛吃飽都不適合靜坐。有人主張在每日的子午卯酉靜坐最好，但對於天兵而言除了特殊禁忌之外，應該把握每一個可以靜坐的時辰，而什麼樣的時間是自己的活子時呢？「活子時」的意思是，在某些時候，可能會突然心血來潮覺得想練功，這個時候去練功，效果會很好，很舒服，因而可以判斷，這個時間就是你的活子時，所以，活子時並非指特定的時辰。這個時間不分白晝，也不分練功動作或練功《靜功》時間，掌握了這一點就掌握了竅門，即練功的竅門。

每次靜坐時間至少三十分鐘以上，腳麻痠痛要忍耐，剛開始學靜坐，不出二十分鐘兩腳痠麻，重複兩腳伸直後再靜坐，別人一次靜坐五十分鐘，則須把腳伸直幾次再盤腿，方能穩定下來，或者正襟端坐的坐姿靜坐亦可。把腿伸直，上身往前壓，舒緩一下再繼續，直至實在坐不住再起身（這是起步時所會遇到的狀況），當然有些修行人他們的資質很好，完全不會有以上的障礙發生！

靜坐的效果不是一天兩天就可以顯現出來，每天持之以恆積累相當火候，還清部分因果債之後，身心靈會感到較為舒暢，靜坐過程也會變得更輕鬆。有些人聽信靜坐可以消災解厄，就開始靜坐，但是坐了一段時間之後，不覺得有多大改善，詳問其靜坐時日，大都是靜坐時間不足。一般人一天靜坐時間至少要一個小時以上，但是關於這點可以分段慢慢累積。

至於帶天職的修行者，除了要考慮靜坐的地方，每天靜坐的時間至少要三個小時以上，妙德老師剛開始練習靜坐，也是從二十分鐘、三十分鐘慢慢累積到一次一個半小時以上，在台中的閉關期間，每天的靜坐時間需累積超過五個小時以上！就是要超過全部靈的需要，才能讓本靈有多餘的靈炁來獲得成長，如果從靜坐中吸收靈炁的能量不足，靈的成長會變得非常緩慢，甚至會倒退萎縮。大多數人修了一輩子，無多大成就，通常就是缺少了靜坐的基本功。

靜坐還有幾點好處：

一、心靈可以得到沉澱、清淨。
二、靜坐時間一久，靈體能夠淨化氣場、排除穢氣。
三、藉由靜坐氣血循環變好，並能夠改變氣質。
四、如果在於靜坐的坐功夠深，能量累積到一定的程度，還能夠打通中脈七輪。

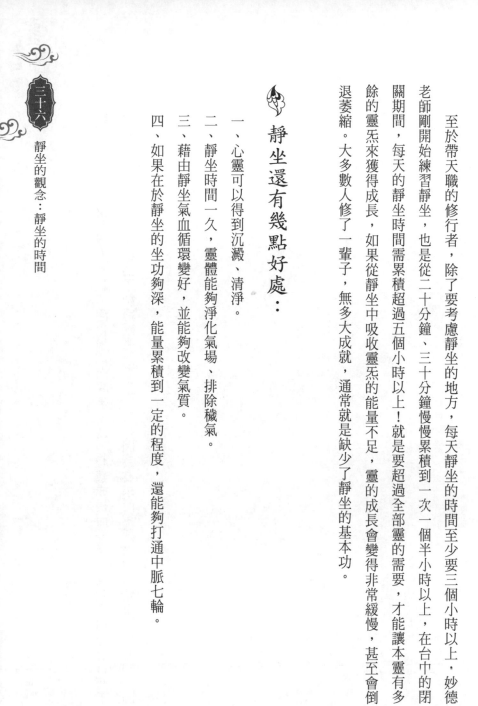

只要是為了健康而靜坐、為了淨化靈體而靜坐、為了心靈成長而靜坐，那就不用擔心會有走火入魔的問題產生，除非是為了神通感應來靜坐，若是因為貪求而招感來的，結果可想而知，因此，不得不謹慎看待之！

三十七 業力的討報

因果業力討報的初期徵兆：

(1) 各種占卜、寺廟抽籤、通靈預測，平常的話都很準確，但若是受到冤親債主的干擾，就變成不準確了，而且是長期不準確（但當你和解完業障及魔障之後，以上的占卜、寺廟抽籤、通靈預測，又可恢復正常）。

(2) 常作惡夢，而且是奇奇怪怪的夢境，無法理解，也無法理清。

(3) 各大醫院醫療醫生所檢查不出的長期難癒之無名病痛、或身心虛脫、或者身體的許多不適症狀等，常常會讓你覺得身體健康狀況很差，但都查不出原因。

(4) 冤親債主為了方便討報，往往以各種方式，令人先斷掉身邊所有的貴人緣，包括親友的援助，令你的個性大改變、反覆無常、產生顛倒知見、思想偏激，或言行舉止怪異。

嚴重者，甚至修行走偏而走火入魔、幻聽、幻覺、幻視不斷，令被討報者之貴人、親友，在失望之餘而離開你的身邊，以方便冤親債主再下手討報。

(5)具有極端的負面思考，「性格怪異、情緒反應不正常、不健康的生活，包括不良飲食習慣，明明知道是不好的習性與習慣，但是卻改不掉」，其實在幕後皆有冤親債主在主導著。

(6)由自己親人示警，自己親人個性大改變，言行怪異或親人發生嚴重意外事件，甚至整個家庭家運皆不順遂。

(7)常出大小意外：例如：車禍、跌倒、開刀、血光意外的事件頻繁。

(8)重大倒楣事情或諸多常受欺壓、委屈、內心受到嚴重打擊的事件，在短期內接二連三使自己意志崩潰、人格失常或者使自己小不忍而亂大謀，抓狂亂講話而誤事、亂發脾氣、誤大局而受惡報。

(9)嚴重討報的冤親債主有優先權，可以把我們的福報及幸運撇在一邊，讓我們的福報無法到臨，甚至會針對自己人生所追求的各種願望、欲望來加以打擊。

例如：追求感情，就令其感情受挫；追求財富，就令其大破財或者被騙錢財；追求事業，就令其事業經營失敗；追求名位，就令其失去崇高地位；追求家庭美滿，就令其家庭破碎或眾叛親離。

挫折狀況一再地重複發生，諸事不順、令人生不如死，常常令人覺得事事不如意、不得志、煩惱多、憂鬱悲觀、意志消沉，嚴重者甚至患得憂鬱症、躁鬱症、想自殺。這是冤親債主對當事人所設下一步一步之進逼的手法，到最後才下手索命。

(10)偶爾看到、夢中看到隱隱約約、似有似無之幻象，自己眼角掃描到人或動物、黑影、異形一閃而消失無蹤，或常覺得自己旁邊有人或其他東西在跟隨著，或光天化日之下偶爾見到嚇人之幻影景象。

(11)平常在身口意守戒清淨時，誠心修法皆很靈驗，但受到冤親債主或魔障嚴重干擾，變成修法不靈驗，甚至令人產生退失道心，一般人根本不知道自己累世罪業深重，如此，長期的修法、行善根本就沒感覺，也沒什麼好的感應。

反倒是越修好像麻煩事越多，負面的感應特別多，此時自己應該更加小心，這是因為冤親債主希望一報還一報，會故意出狀況，打擊修行者的信心，使人認為宗教是騙人的東西，為得讓你放棄修行，方便冤親債主的討報。

如此就上了冤親債主的當了，此時要更加反省自己前世的罪業深重，宜更加懺悔、改過遷善來踏實修行，以突破種種困境的嚴重打擊，這頂多是過渡期而已，自己的信心要堅定免得被自己的業障所打敗。

⑿也有徵兆很微弱、不明顯，幾乎沒什麼預兆出現，但這往往是特別難以和解的冤親債主，所發生的報應特別慘重，有些冤親債主願意在具有神通者面前現身，這代表冤親債主還有和解的意願，這還有得救。所以我們要善用冤親債主有意願和解的好機會，自己盡力誠心來懺悔、改過遷善並與之和解。

但是有些冤親債主擁有討報旨令而不願意現身，即使是碰到神通相當高明之人也很難被查覺到，這往往是冤氣特別重的冤親債主，因為血海深仇不願意和解，而下定決心討報（註：這是屬於很難懺悔和解的定業，這個常常是沒有轉圜餘地）的現象，這要用間接式的邏輯推理方法用上述所提及一至十一項的出現重大惡報之初期徵兆來間接推論證實之。

自己一旦發現有上述之重大惡報討報者的初期徵兆顯現，就應事先防範於未然，進而提前與冤親債主、魔障作和解的動作，這才是上上之策。

天地鬼神皆掌管因果業報，除了一些巨奸大惡者直接由天界下令「天誅」者外，其餘皆由冥府安排冤親債主來討報累世因果業債，而主管冤親債主的登記、管制、討報、業債談判調解者皆由城隍廟武判官、陰陽司所統轄，甚至一些修行人可否往生至淨土，這在城隍廟皆有登錄。

一般人可藉由「陰陽談判」把自己之定業儘量化解成不定業，幸運者亦可達成完全和解而消業。而自己的還業債方式應從目前纏身陰靈還起，再還上一世之業債，再分階段性還清前二世、三世的業債。

若是想一次還清累世因果業債，那是個十分鉅大的天文數字，誰也負擔不起。還債是越早還越輕鬆，業債是算利息的，越拖延業債越重，所以及早還債最為明智。還債方式主要在依「冤親債主自身喜惡」而定，此乃最省力之方式。

現時的修行包括和解冤親債主的先決條件：一切修行法力的來源，自己要隨時保持動機純正是為了利益眾生，而不是利益自己的菩薩心，也不是把麻煩的冤親債主打發掉就算了。

在人間，尤其是天曹地府，皆以「動機」定奪功德、罪業之大小，誠心、懺悔、改過，以感恩的心，及由感恩心所衍生出的忠孝節義等美德，身口意遵守戒律戒規，時時保持清淨心、空性無為的心態，甚至在平常行住坐臥生活當中。

亦要特別注意動機，意念要很清淨無染，一有不正的意念出現時，要立即懺悔、改過、修正過來，因為佛經提到「火燒功德林」一事，心中一起貪瞋痴（三毒）的念頭時，功德將會被扣光光，這是我們最常見的「業力阻擾」。

一旦沒有功德法力作為推動力，修行以下的各種無量無邊之法門，卻也是對我們累世因果業力的討報無可奈何！綜觀富貴聰明之人，乃是上天所賜予的，期望這些富貴聰明之人能夠善加利用自己的福報，去幫助更多的人。

在和解與幽冥界眾生的各種修行階段時，往往都會遭遇到業力的反彈，反而會發生不順遂、不吉祥之事，包括懺悔、修法時，身體病痛的各種不適、不舒服，甚至會嚴重到使自己有退轉心想要放棄修行。

因為冤親債主祂本來就是希望一報還一報，會故意讓你出狀況，來打擊修行者的信心，使得親人、朋友、家人會誤以為宗教乃是騙人的東西，而會想要勸說令你放棄修行之路，日後更方便讓冤親債主來討報。

此時的你更需要懂得自我反省懺悔，今生、過去世所造的錯業與罪業，若是業障深重之人，此時，更須誠心誠意地懺悔、改過修正並如實地修行，以突破種種困境所遭受到的嚴重打擊，這是過渡時期，但也是最難突破的關鍵期。

遇到磨練與考關更要堅定信心，化解因緣果報的索討，行功立德、積累功德，迴向給累世冤親債主，並且堅持聖道修行，否則任誰也幫不了你，這是自救與自渡的捷徑，如此，方可避免自己被業障所打敗，退道被索討而不自知。

藉由問事查看三世因果、造成身體健康違和、累世因緣果報、靈源靈脈、主神、靈主、靈母、無形師、指導靈、共修靈、靈擾、卡陰、嬰靈等等問題的靈子們，神佛既然願意給予靈子修士答案，那麼就需要照著神佛建議的方式去化解與實行。

如此，才能真正改變定數因果的討報與化解，千萬別抱著投機取巧的心態，敷衍了事，如此，冤親債主知情後，給你來個回馬槍那就事態嚴重了。（回馬槍，係古時的一套槍法，戰時坐在轡馬背上面，假扮佯裝著要逃走，突然調頭襲擊對方。此即比喻趁對方沒提防的時候瞬間反擊。）

三十八 〈靈修過程淺論〉上篇

「靈」本就是無形的，非平凡人所看得見的，所謂「凡眼」看不透，亦不可測也。如是一個剛正而廉明者，鬼神是無法入侵的。

眾生心存痴妄，貪瞋迷執，以致於鬼神容易附身。（但亦有些特殊的個案，是屬於極度敏感體質的人，這種體質的人也不完全是貪瞋迷執的問題所造成，而一開始就莫名其妙的被上身、干擾，況且當事者本身也非常地無奈，千萬般的不願意！）

故要開啟靈竅的人必須先要正其心，亦要有正心正念的引導師、或師兄姐來帶領學修的靈子們，再來也就是借用證道仙佛之經典、道書及善知識來做為學修依據將基礎打穩，根基深厚的人，才不至於遇到魔考時，而無法過關。

如此，等到你啟動靈山、靈駕之後才不至於自傲、貢高我慢而著了心魔，甚至把自己給神格化了還不自知，走到如此階段該如何才能真正的修真呢？

啟靈之後再加強本身的功德，造福報消業障，千萬不要以為啟靈後就萬事ＯＫ，若有這種心態，十個有九個會練出毛病來的。

尤其在修行時要存有「尊師重道」、「感恩之心」，萬不可有條件說，過河拆橋，或者以生意買賣的心態來學修與靈修，這可是犯了靈界的大忌！

靈界屬於天界和地界所管，天界有天神在管，地界有城隍爺在管，人屬於陰陽兩界間，功果圓滿有天神接回天庭，做惡者也有城隍爺接收，這是天理。

很多人自以為靈力高人一等，而有欺師叛祖的心態，結果都是自嘗苦果，最後怨師所傳非正道，亦有人因此而走入魔道、阿修羅道。

曾經辛苦訓練的門生，幫他／她啟靈、灌頂加持、操練靈駕，甚至協助他／她們過天劫，準提佛母還藉妙德老師之手，幫他／她們開啟三界法眼！

更幫助化解冤親債主的討報，另一個案——她長達四年多的子宮異常出血，看醫生也都檢查不出病因，而且在來宮裡之前，從肩膀至肚子已經動過五次的大小手術，甚而幫她化劫過關（天劫、生死關）直至接旨接令開辦聖事。

到最後卻換來門生為了現實面而背叛，她來宮之前已經有軍中官司纏身的困擾，她自己認為身為神佛的辦事人員，神佛並沒有幫助她化解官司的問題，還要開庭花錢請律師（孰不知這種問題還是需要請專業律師，才能辯護打贏官司）。

況且在兩年後確定已經結案，僅是輕判小額罰金。這也證明我們當初的判斷是正確無誤的，是她自己過不了自己這關卡。她曾經在背後對服務人員聲稱，師父老師從頭到尾都沒教導過她，還辯稱自己並非是妙德老師所啟靈。

備註：一個原本只會摺蓮花、被迫要求靜坐，還嚴重卡陰的學子，來到道場免費學修，進到宮裡之前只會打哈欠、打嗝，竟然可以昧著良心說出此話。當初她想盡辦法要離開道場，為了讓自己有台階可下，在網路臉書毀謗、捏造不實謊言，用盡各種辦法博取朋友的支持與同情，她自認為身體的毛病已經得到化解，而且目的也已經達到，可以放心地離開，但真的是如此嗎？非也，她離開道場屆滿一年時，子宮又開始產生問題，據說子宮內膜太過肥厚已作刮除手術並做檢驗，若是發生病變就必須把子宮摘除掉。（她離開宮裡已將近三年，獲知她的身體在這幾年已做過將近十次的大小手術。）

我們無怨無悔的教導這些學子，還提供免費的吃住、學修，卻是換來無情的背叛與毀謗，試問若是各位靈子修士遇到了是否會心寒呢？為何會提到此事呢？

想藉由此篇文章讓大家瞭解，我們待人以誠、無私的教導靈子修士，而得到這樣不平等的對待，也因為如此讓妙德老師深深地感受到，與其把時間浪費在教導及訓練新學子身上，倒不如多花些時間來自我精進與修煉，以及編寫修行相關文章，使用網路傳道與好友們結善緣，而來得更為有意義些。

內氣的震動

開始靈修，並非人人都有同樣的震動（氣動、靈動）現象，有大震、中震、小震，甚至不會動，過程皆不一致，因為各人根基之不同，故初學之人不要常常拿師兄姐的功夫來做比較，須知，有震動之人不一定會較有成就。

能否有所成就，是跟個人之根器、道基、心性、心法、心靈、德性，及所下的功夫有著直接的關係。靈修是要經過一段漫長的修靈歷程，才能藉本身元靈、世靈（朝代靈）與外界靈或神佛相通。

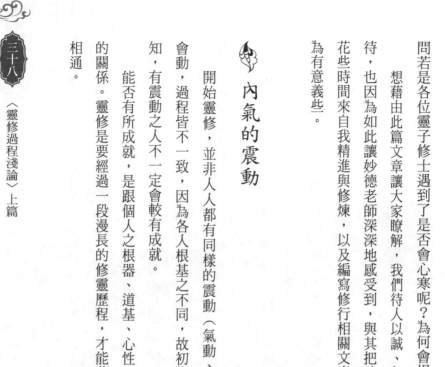

靈修的每一個階段都有可能會遇到瓶頸，當你修行一段時間後，若是覺得遲遲沒進步、沒變化、或沒感覺，這時千萬別放棄，先停下腳步來細細省思一番，我們的修行方式是否錯誤了？亦或是法門及方向錯誤了？是否該轉換另一個跑道？以上這些種種的自省自查可以讓我們在學道修行的道路上，發現本身的問題出在哪裡，進而少走許多的冤枉路！

光的意義

靈氣是無形的，看不到，摸不到，卻可以由自肉身感受得到，「氣」場的感應，因人而異，所發出的「光能」、「靈能」可為人靈療。

氣強心定的人容易感受到「靈電、靈光、神光」，「光」有分很多種顏色，每一種顏色都有其特色，基本上可分五種顏色！

五色就是青赤黃白黑，五色各配別色會變成各種顏色，此光不是從外地來的，是從丹田所散發出來的，此光加上靈力可應用到很多地方，但是在此，勸你還是少用為妙，因為用多了，是會浪費能量，會消耗靈能、靈力的，應該往內收回體內，收回之法：兩眼內觀體內丹田（尚需以文火煉之），如此可增加體內能量亦可治百病（自我靈療）喔！

手舞足蹈

靜坐忽然間會哭得很傷心，或吟唱歌劇，或手舞足蹈，或唸唸有詞，這種突然的現象有很多類別，剛開始要靜觀其變，但如果常常這樣，那就不好玩了。因為這表示你已經嚮往顯化這玩意兒，久而久之對身心是有害而無益（亦可以說你未曾成長，滿足於現狀，樂此不疲，也可以說，你是在自欺欺人，自我阻礙靈性的成長，與阻斷揚升之路而不自知）！

倘若在初期時有這種現象是發洩，常常如此的話，是沒調整自身磁場、氣場、心態，會有很多後遺症，調整之法是要控制不雅的動作，再來做心靈溝通調整，方能有理智的訓練自己，並配合行善積福、行功立德、積累功果，方可做到真正的靈性提昇，否則讓靈祂亂發揮，會讓人感到恐怖，久之別人就會用異樣的眼光看待你，你的心靈就會受到干擾與打擊，如再不好好反省自己，終會走火入魔或者導致人格分裂的症狀產生。

有人把這些歸類於神力，我並不反對，但要訓練成像樣的功夫才能辦事。好比初學跳舞的人，亂舞一遍，還自以為舞步很高明，這樣會丟臉出醜的。

很多走靈山的人經過多年以後，還是就只會這一招，還是只停頓在初步的靈動過程中，根本無法幫助自己的身心靈往上提昇！

業障的動作

啟靈之後，如本身思想不正，或妄想執著，則可由其靈駕之手勢與身勢的行動中看得出來。一般外面傳授者，若不懂得分辨眾生的根器與業障輕重，而不能導正靈修者，會使修練者，易走火入魔（著了心魔）。

備註：曾經遇到類似的個案，有位前輩在引導後學時，把後學捧上天，號稱該靈子是女媧娘娘降下來的靈，一直強調她是女媧娘娘的後人，害得當事人到現在還活在自己幻化的世界當中！當心引導者也會自造惡業因果。

因思想受到傳授者不正確的輸導，而招引外來靈入侵或干擾，久而久之，元氣被盜竊而導致百病叢生。傳授者並不一定是老師，有時是外面的靈修者，這些靈修者或許是出於好意，但因懂得不多，所以才會以迷引迷而誤導眾生。

故學道修行靈修宜尋找真明師，遵從明師指導，也不要隨便為外人發功，因為如對外人發功，碰到心邪之人或陰性磁場較強的人，自己會受傷，也會吸收別人的病氣與穢氣。

身體有疾病之時，元靈也會用靈氣靈療，並調整各種關節。調整有時會有高難度的動作（例如瑜珈拉筋、劈腿、下腰等等），所以不用害怕是外靈入侵，外靈入侵會造成本身的不適，言行舉止反常和待人處事不禮貌等等現象。

有了以上怪異現象時，就該自我反省檢討一下，為何會有那些異於常態的現象？若是真的卡到外靈或受到外靈干擾，那就該先找有這方面能力的老師或神職人員處理。

本靈靈氣一經開發之後，身體自然會產生氣動（靈動），其動作每個人都不一樣，因此產生「動」的狀況也就不一樣，這種動作是氣開始在體內循環流動，遇到有病痛之處，會自動產生靈療作用（但這是靈能靈氣夠強的人才有辦法自動靈療）！

有人搖擺是左右擺動或前後搖動，有人是一圈又一圈的旋轉，這在靈修則是稱之為轉蓮台（臺灣已有案例，曾經患有癌症而接近末期的病人，靠自體旋轉竟不藥而治癒，有人是頭部搖動或腳抖動或甩手、拍打或點穴等等。

藉由種種的動作方式靈療，不曉得的人會誤解，以為是神明附身，其實神明附身跟本靈（元靈）發動程序不一樣，這種動作分別不是一般人所能了解的，因此學習時，必須要有明師或引導師指導，才不至於產生恐懼感，會害怕走火入魔而不敢靈動。

神明與外靈

神明附身或外靈附身，據我所知修煉神明附身，或被外靈附身都會有一股嘔吐的感覺（神明附身會嘔吐是因為乩身肉體尚未達到淨化才會有此種現像），甚至真的嘔吐，身體會感覺很不舒服。外靈附身會嘔吐是因為外靈的氣場是屬於濁陰氣，但未必每個都會嘔吐，純屬體質類別個案而定。

煉我們自身的本靈（元靈、元神），只有本靈（元靈、元神）才不會害你，因你的肉體是祂的，祂不保護你，那麼祂來轉世，也是白來了，肉體不是那麼容易得來的。

祂會好好保護自己的肉體工具，這也就是為什麼改運要自己去改的原因（修心轉念，修行轉變，改變行為，舉止行動，也是在啟動改運的修煉旅程），旁人也僅能助你一臂之力而已。學修三部曲：修心養性，修身養命，修靈養神。

摘錄自：妙心隨意窩，2012.01.09

三十九 〈靈修過程淺論〉下篇

學道、修行、靈修達到一段時間，有時會出現靈通的現象，但並不是每次都會靈驗。靈通所傳達的訊息有很多種，如用詩詞、歌仔戲語言，或類似影像的電影傳真，或心電感應，或用手寫出文字等等。

有時靈界會傳授人們知識或法力，這些法力有些是已經失傳已久的古老絕學，有些手印或咒語，可應用在某些事物上，亦有避邪之功用。

而這些「法力」，必須要看「施法者」的功夫層次與靈力的境界而定，靈力差的或是沒學過的人，也使不出其威力來，須知，施法只是為了幫助求助者解決某方面的問題，並非是讓你拿來顯化、表演用的。

通靈如懂得竅門，訓練成本靈的電波可跟外界靈或神佛溝通連絡，能瞭解很多因果事，但外界靈（指導靈）或者神佛，有分層次的高低，高層次的仙佛，所知道的事情較多，中低層次的神佛所知道的事較少。

因此，想和高層次的仙佛接上無形金線接訊息，必須本身的靈夠清澈、靈力很強，願力和功德力足夠，或者本身今生帶有使命，才能跟高層次的仙佛溝通接線。

有些人獲得靈通的因緣，非常奇特，大都在磁場最衰弱時，或者經過一場大病後，突然間能見到鬼神，雖然沒有經過特別的靈修過程，卻能在身體虛弱恍惚的狀態中，產生陰性的磁場，和鬼神溝通，且判斷別人事情吉凶禍福，也很準確，但對未來的去向判斷，卻並不怎麼高明。

經常有陰靈附身（依附）干擾，久而久之，會有神經質的傾向，疑慮心（疑心病）也比以前重，有時候，舉止行動會受到陰靈的干擾、控制而身不由己，像這種情況，也許是前世冤親債主來附身，但有些純屬個案，然果真是如此遭遇，所引發的威力，足以造成家庭的不幸或不安寧。

因此不要把一切的通靈，都當做是好的，盲目地追求靈通、神通，還不如不學，建議你還是經過正統佛學、道學的學修基礎，穩紮穩打之後，有了佛學、道學基礎再來學修靈學、靈通、神通，如此，才不致於會在靈修道上走偏！

真正的通靈是氣場很強，言行舉止都需合乎中庸之道，而這些都是要經過特殊的訓練與學修。訓練的方法離不開心靈、佛學與道學，佛學、道學、心靈學及定靜功夫之基礎尚未打好，再怎樣學也不是正派的通靈人。

「靈」學習的速度

為什麼很多所謂的通靈者，幫人問事或辦事的功力會有差別，這就是差別在於心靈學、佛學與道學修煉的問題上。如何訓練你的靈力，這與每個人的資質、根器（道基）、心態、思想有著直接關係。

但有一點可以確定的就是需要有耐心、恆心和毅力，且心地善良純樸非常重要，肯修煉肯去做、再加上行功立德、積功累德，那麼一定會有好成績。

這就好比讀書一樣，肯用功用心學習者，就會有好的成績，天下沒有不勞而獲的，不管做任何事情，都要付出代價去學習和研究，才能鑽研出理想的成果。不是一天到晚纏著師父不放就會通靈，須知，世間沒有一步登天的道理。

本靈啟靈之後，你學習什麼東西，祂就跟你學什麼，而祂學習的進度比你還要快，或許你會奇怪了，靈不是萬能的嗎？為什麼還要學習呢？告訴你們：「本靈或世靈因為以前沒學過我們這時代的新知識和工具，所以祂也必須重新學習與適應，並非是萬能的。」

很多人問，本靈通靈學習有什麼好處？本靈通靈學習的好處可多著！例如研究地理風水、陽宅命理等等，碰到了很多複雜的問題，在無法解決時，你只須和本靈、世靈（元靈、元神）溝通，祂就會告訴你比較正確的答案，幫忙你做分析解釋給你聽。

如果你現在運氣很差，事業很不順遂，久病醫不好等等，可能是你本身有股陰氣，「霉氣」（冤親債主）在作怪。

這時需要請求主神為其做主，來協助幫忙本靈能夠暫時撥開累世因果業債，或者化解無形業障，讓肉體有足夠的時間與能力來行功立德、累積功果後再迴向給累世的冤親債主。要知道，這可不是一般人力醫學所能改善的喔！

為何需要磨練

通靈則會因應個人之根器（道基）、本性的不同，而產生不同的磨練課程，例如會磨練到讓你達到有愛心（慈悲心），不欺騙別人、不口出妄語，或者如何去渡化世人，及如何去幫助人家靈療治病，諸多種種的磨練等等。

這也就是身心靈潛修的境界，而這段時間裡，更需要明師（指導師）幫助你找答案與指點迷津，否則靠自己摸索、領悟，或不信任明師，另尋它途，或沒耐心的接受磨練，結果還是會在原地踏步。

等到你領悟後，已經浪費了好幾年的光陰，這也算是另類的一種磨練，所以修道說難很難，說容易也很容易。磨練完全是因應個人的心性去考你驗你，只要以平常心去接受磨練，就都可以過關。

自己的信心不要被種種的考驗給考倒，否則接下來就是沮喪、懊悔，有了磨練的經驗，將來才會有豐富的經驗題材，也就不會再橫衝直撞，而且這些經驗將是未來教化學生的最好題材。

提高境界

有人曾經問到靈修、靈動、氣動後該如何修，才能使境界更高，更能發揮潛在能力，依我個人的經驗，不外乎心性的修養，習氣、脾氣、秉性的調整，而心境與個人環境影響為主要因素，當然還需配合已證道仙佛的經典、道書、善知識，來補充靈的精神資糧，以及行功立德、廣植福田、積累功果來增加本身的功德力，以達到靈體的進化及靈格的提昇。

所謂「師父引進門，修行在個人」，每個人的心境、環境、資質都不盡相同，修行方式當然也就不同，自然每個人的靈力氣場感受也會不同，境界的差異就能顯示出來，替人指點迷津的準確度就有所差別。

而學修心靈學、道學須自定「戒律」來做自我約束，不須四大皆空，只要在多采多姿的現實社會裡，從身心靈下功夫著手即可，亦即妙德法語：「身入紅塵俗世學修道，超凡入聖出離心修靈，超越凡俗體悟證道開，了願行道成道歸源臺」，這是我們深深體會到的靈修之道。

因現實社會學道學修尤如在苦海中修行，在此繁務集一身的環境中學道修行，必須比脫離世俗的修行者，要更有堅強意志、毅力與恆心，不然修行的境界將不會提昇，靈力將會漸淡、漸弱也。

靈修在凡塵中能修到對各種事物的轉換看得很淡，則對人生的心態上也會有所改變，最重要的是要能夠做到「由心轉境，境隨心轉」。須知，靈子修士之定靜功夫若能紮穩，定力足夠的話，心便不會隨境而轉。

亦即是人不要被物質界所迷失，不因物質得不到手而沮喪，應以本靈去轉換、調整心態，如此才不致於心隨境轉！因此也才能了解人生處世的原則與修行的真諦，而不被現實社會磨滅掉道心，這更是靈修開始轉折的境界。

靈氣的交流

煉靈到某個程度，會遇到瓶頸，如果沒有方法突破，會倒退下來，這段時期心靈會感到徬徨。要如何才能突破？要知道靈和人一樣，也需要伴侶（當然你要是有一個可以共修的道伴，那在此恭喜你）。

要有所突破，只有到道場和靈子修士們一起共修、一起練功，練功時不一定每個人都會有靈力交流，因為每個人的磁場都不一樣。

但這不是主要因素，重要的是心靈磁場，如果心靈常存善念，功德持續在做，則心靈磁場會發揮到最高程度，而與有緣的學道、修行者之靈電交流，甚至會有修行者的守護神來教他，使他能更上一層樓。

為什麼？因為修靈者雖有氣動，但心靈是控制整個磁場的方針，若是沒有願力與功德力的人，心靈磁場根本發揮不出來，就算他想要跟別人的神佛交流，別的神靈也不會答應的。

所以修靈需先修心，修心亦需抱著至誠之心去行善積德，而這功德並不是要做給別人看的。當心靈修得越好，你的本靈朋友也就越多。所謂靈包括指導靈、鬼神，或許有人會問，有鬼神並不是好現象。

那是他不懂靈界的世界，鬼神也很喜歡善良有愛心（慈悲心）的靈修者，就好像再壞的父母都不喜歡自己的子女學壞。指導靈不會去幫一位虛偽的靈修者，更不喜歡和聰明卻沒真修行「表象修行者」，或不做功德的人打交道。

學道修行的人數越多，所聚集的靈氣就越強，這是自然的道理，所以一個道場，如人人都能抱持著誠心誠意的在做功德，無私奉獻、虛心學修、言行嚴謹，則這個道場靈氣一定很強，也是仙佛、指導靈喜歡降臨來往的場所。

有人以為讓別人做，自己可以不用作，也一樣可以從中沾到一些靈氣，想得美呢！須知，物以類聚，同氣相求（同氣相吸）的原理，有這種心態之後，會來跟你交流的也都不是善靈，內心貪求所招感引發弊端，必須從心端正。

這也就是為什麼會有許多心術不正的人，常常因為想要占他人的便宜或貪求神通，結果卻被外靈附身纏上，而不得解脫。所以還是需慎思而後行，勿踏入迷茫的「自我修行陷阱」，而無法脫身！這是身為一個真修行者應該明瞭的詬病，不可不慎啊！

摘錄自：妙心隨意窩，2012.01.09

四十　論「靈動」

宇宙的玄妙浩瀚無涯，讓世人無可捉摸，然而事實並不盡然，它有著一定的規律法理在運行著，只是世人無法洞悉這一切，以至於在徬徨無依，似有若無之中，難以令人置信，然而本來存在的事物也因為如此，而變得似有似無甚而疑神疑鬼，鬼神之說，更是讓人撲朔迷離。

每位世人的觀點皆不盡相同，以至於認為有鬼神之說，有些人卻不信鬼神之說，然而從歷史的演變，人為的行識上，太多的傳說與典籍，讓人不敢說天下沒有鬼神，也不敢妄下斷語說確實有鬼神，也因此讓人更迷惑而無所適從。

事實上人、鬼、神共存於這個世間，有時共存於一人之身，只是世人不知罷了，如此說很難讓人信服，然而試想，人心是最小的道場，要分別善、惡、正、邪、好、壞等等，幾乎世間的一切均是人所區分，如何作為均在一念之間，為好是神、是佛，為壞是鬼、是魔，如此推理，人、鬼、神不是集於一人之身是什麼。

然而太多人去追求那似有似無的神、佛，卻不知從自身尋找答案，每個世人都是上蒼的最愛，都是上蒼的子民，只是人自己的所做所為導致了自己的罪孽、禍福，為了彌補自己犯下的罪孽，而再度投胎轉世為人來償還累世的業報，但亦有少數是乘願而來（倒裝下凡塵）。

甚至於淪為胎、卵、濕、化，種種的一切均是人本身自造錯業、惡業，或者作孽而來投胎轉世償還因緣果報，既是如此，那麼如何明道、明德、明心、超越與提昇，這就是靈子修士須訂定的目標與理想。

世間所學的東西都是世俗的理法，世俗的理法又是因為人為的需要而制定，但會因為環境、地點、時間、人為的不同，理法隨之改變，最後回歸於天理，而一般人認為天理不變，事實上上蒼有好生之德，為此天規戒律也正在調整與改變當中，只是世人不甚瞭解罷了！

什麼是天理，沒有人能詳盡，什麼是地理，也沒有人能盡述，然而與人最密切的人理，又有多少人能真懂，人生在世所要追求的目標與理想太多太多，但還有很多的責任與義務需要我們完成與盡責，然而又有多少人能明白個中之道理。

有多少人真能盡忠職守，有多少人不務正業，有多少人擅離職守，太多的疑問，太多的無奈，太多的期許，太多的阻礙，如何去一一克服，就看有心學修之人如何去造化，並明瞭漸進漸修漸悟的次第學修與考驗。

任何的經書都無法盡釋個中之道理，唯有靠真心學修者用心參悟，什麼是道、什麼是德、什麼是心，能明道、明德、明心，那麼自然能參悟什麼是天理，什麼是地理，什麼是人理。

如此方可不再造孽，不再造作錯業與惡因，待償還累世因緣果報，不再與眾生結惡緣，身入世間勤修持，心入超凡離欲界（出離心），並勤煉道家丹道證得靈體解脫，即不再墮入四生六道輪迴中，而成就—清靜法身佛、圓滿報身佛、千百億化身佛，回歸無極逍遙自在矣！

在靜坐中若看到許多幻象或景像，其實大多數都是短暫性的（開啟阿賴耶識中的片段記憶），而並非全是神、聖、仙、佛、指導靈、無形師來顯化。當然也有神、佛、指導靈在教導著肉體，但這也要靠自身的努力學修，瞭解與神、聖、仙、佛、指導靈、無形師彼此間的因果關係，更須堅定自己的意志與勇氣，及努力不懈怠的勤加修煉。

開始靜坐修持之後，身心靈將會有不一樣的變化，在初期靜坐之時，會有不同的現象（靈動）。靈動所包含的範圍太廣，而有昏沉、雜念、搖擺、幻相、打嗝、心語、心念、心思、心意、靈語、吟詩、對唱、靈文、練武、打拳、跳舞、舞劍、嘔吐、頭痛、胸悶、心痛、說話、書寫等等。

但是一切以自在為主，身體之癢、涼、暖、動、輕、重、澀、滑等等，一切的感覺都與靈動

（潛能開發與靈慧）有關，只可惜許多的學修者不明究理，不是裹足不前就是放棄修持，再不然就是走火入魔。

因此許多的靈修學者視靜坐（靈動）為畏途，生怕自己會走火入魔，然而並非靜坐（靈動）本身不好，實在是人心作祟（貪求神通）所產生的許多問題，然而卻不去瞭解為什麼會靈動，為什麼需要靈動，而突破自己原有的境界，更甚者還有勸說他人也不要靜坐與靈動。

而不知向內探尋靈性的需求與思維，瞭解靈動的真實義，其實，這也是每一位靈子修士所要努力的目標，也正因為不明白靜坐與靈動的意義與目的，導致後來在靜坐（靜功）上只有事倍功半，也因為靜坐〈靈動〉所產生的問題非常多，也不知道苦了多少學修者。

以上所列舉的種種靈動現象，自己本身皆有意識存在，而並非是外靈附身，在靜坐靈動的時候最好有引導師或有經驗的師兄姐在旁守護著。

之所以會走火入魔，皆因心有所貪求，以至招感而來，在修靈、靜坐、靈動的各種階段中，需秉持著正心、正念、正思、正行的心態來學修，如此，修行才不至於會偏離正道。

摘錄自：妙心隨意窩，2011.06.05

四十一 靈修、禪修、修行

學道、修行、靈修本身就是在做自我改造，與自我改運的功夫，改變我們累生累世的習氣、脾氣、毛病、秉性，再來行功立德、積累功德、化解累世因果業障，與改善人生的運勢、恢復身體的健康狀況，我們稱之為「生命改造工程」。

其實真正有在修行的人，算命師是無法精準地算出靈子的命數與命盤的，但是一定得要修對法門並且修得正確無誤，如此才能真正的改造命運，以此來看待修行才是真正有意義，並藉由學道修行來幫助我們靈性的提昇與超越。

雲谷禪師云：「命由己作，相由心生，禍福無門，惟人自召。」我們修行的第一步，就是必須先行懺悔、反省、改過，當你誠心的向內在自我，作深層的懺悔，並且從心改過遷善，行善積福，廣植福田……，如此，命運中的運勢就會慢慢的轉化，以至大事化小，小事化無，因此惡報劫難也就能從此化解開來。

六度波羅蜜是菩薩修行的法門：佈施、持戒、忍辱、精進、禪定、般若。布施：度慳貪，持戒：度毀犯；忍辱：度瞋恚；精進：度懈怠；禪定：度散亂；智慧：度愚癡。這六度修行圓滿，才能開悟。

在學道修行解脫道上，須瞭解「非禪定無法全然守戒，非禪定無法開顯般若智慧」，必須廢棄俱生我法二見。「般若智慧」是一切修行的根本，而學修「戒定慧」三學，是一切根本的根本。所謂般若智慧是指能夠了解道、悟道、修證、了脫生死、超凡入聖的智慧。

修行一定要先開智慧，才能真正的提高靈性，才能了解如來真實義，才能明心見性。有智慧才能有正信，有正信才能有正解，以正解導正行，證悟菩提，入於涅槃。本性如果不開悟，功力便會一直停滯在某一階段。

學道的本質在於不斷開悟人的先天本性，功力增長的快慢，則是由本性的開悟程度所決定，只有本性層層開悟，才會使功力迅速上升，步步開關通竅。

《般若心經》云：「色即是空，空即是色。」很清楚告訴我們，六根雖具全，沒有真空妙性是無法起作用；本性雖靈妙，沒有六根是無法顯現如來妙義。

故學道修行開悟者，事來而心始現，事去而心隨空，處事時，不被事境綁住，才能隨處見真。（證道歌）云：「頓覺了，如來禪，六度萬行體中圓；夢裡明明有六趣，覺後空空無大千。」

對於少數矢志學道修行者來說，需自然而然，不斷的開悟、淺悟、漸悟、頓悟。當然，這是需要修行者在真修實煉中去實證與求證的。然而開悟並不是修成，也更不是成道，開悟只是明「理」而已，而斷煩惱、證菩提的修行才是「事」，「理可頓悟，事須漸除」。所以稱開悟的禪宗大德「成佛了」，這是錯誤的說法。

開悟並沒有成佛，明心見性之後還是需要繼續學習。佛是覺行圓滿的人，我們雖然已經見到了「法性」，有了「覺」，但「行」還不夠圓滿，所以還要繼續努力學道、行道。但開悟以後，看什麼都比較明瞭透澈，在學道修行上就比較好用功。

頓，就是立刻覺悟一個理，所謂「理可頓悟，事須漸修」。在「事」上要一步一步的修，在「理」上要立刻就明白。我們如何得知佛性從什麼地方來？怎能證得佛性？欲證佛性別無二法，唯一的方法，就是必須參禪靜坐。

悟是觀念的改變、智能的體現，未悟之前，心裡種種的執著、罣礙、貪戀功名富貴、計較人我是非、沉溺虛幻情愛，放不下也解脫不了，開悟之後，能掙出名繮利鎖的捆綁，沖破情關慾海的迷離，朗朗觀看世間，而灑脫自在地生存於宇宙寰宇空間。

一個人的靈性階層，與智慧、德能成正比。智慧是「解、行」的根本。修行無法精進，皆因為智慧沒有增進，因此靈性階層停留在某一階段，一直原地打轉。

解決之法，唯有修定開慧。修行者千萬不要聰明反被聰明誤，要曉得一分努力，便有一分功夫，修行講求真功夫，不是口頭禪，能說不能行，是無用處。不但對開悟無所幫助，反而成為障礙。

所以說：「謹言需慎行，言多必失矣！」學道修行修煉不僅能夠改運，還有自我療病治癒的功效，凡是對於心理、心靈所引發的疾病，都會有明顯的療效，而這類疾病都是屬於慢性病，也是當前醫學界難以治療的疾病。

修行其實有全方位的利益，它可增長智慧、可解決苦惱、改運、治病、健康心靈等等。每個人都應該修行，可是許多人不解修行真實意，以為修行是在吃苦，而辜負了自己。但也有人修錯法門，修到邪門外道，那就白忙一場。

如果你要修行的話，要依照正統的佛教、道教，或來自無極天靈學道、修法、修行（靈仙宗法門）才不致於修偏，因為我們真正要修的是自性本靈，我們稱之為「自性佛」，或是累世的朝代靈（過去世的自己）。

目前很多私人宮壇，假公濟私，沒有佛學、道學基礎，道理不懂又無法持戒修行，所感召而來的神佛菩薩，是否為正神之神格？當今大道亂象，一些祭拜儀式和所作所為明明就是民間信仰，但很多人卻把民間信仰和道教混為一談。

自稱身帶天命的神職人員，其言行舉止、德性、品行是靈修者的典範，千萬別讓靈修界因此蒙塵而蒙羞。常因自私自利的行為而修偏，又無正確的老師或善知識的引導，自以為是又不願承認過錯的心態下，即使有領旨、正神座位……

但是人為因素貪圖名利，經由無形神佛勸言不聽，自然而然、無旨無令（旨令被收走）思想行為越加偏差，最後受害的還是自我本身慧命，無法提昇反而墮落，還有就是這些有心想修行，想解決問題的無辜眾生，因此，務必小心明辨真假。

修行是從心性下手，倘若只從飲食（茹素），或身體（靈動、靈駕訓體）下手，則是養身，而非是修行。以三心為體，上求佛道，下化眾生，依理起行，行滿證果。

所謂「萬法唯心」，一切的命運、健康、才智、心靈苦樂等等，都是我們這個心念所造成的，所以只要把心性修好，去毛病改脾氣，去除劣根性，則運勢便會漸漸變順，人際關係變好，修行也就圓融了！

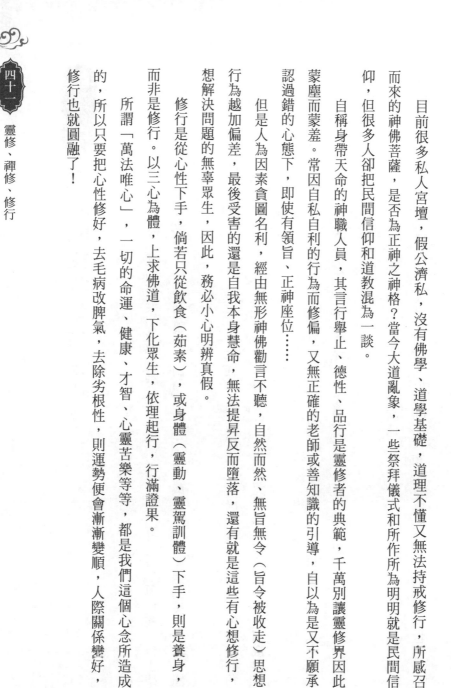

四十二 靈訓的接收如何分辨？

⑴接收高靈的訊息時，該如何辨知是哪位神尊的傳導與指導？其實，這是每位靈子修士學修路徑都會遇到的疑惑與困擾，在我們靈修這個領域的修行人，或多或少都會遇到接收上意、訊息的這些訓練與關卡。

但又有幾位可以解讀的正確無誤？然而訊息準確度的高低，取決於身為一個靈子所扮演的角色而定，能否以無私、無我（無我執、無法執）的代言人角色來詮釋訊息的傳達？這是個很重要的關鍵。

⑵是否其實只是自己本靈、世靈的聲音，而這些訊息是否正確，還是只是內心的思考模式與想法而已？倘若只是自己本靈、世靈的聲音，亦或只是內心思考模式的想法，那麼這些微細的現象，修行者該如何去分析與判斷呢？

以我們學修的經驗來說：首先必須以能量級別的高低、強弱，來區分靈子所接收到的訊息，以及靈訊的來源是否來自於高靈，或是指導靈、無形師？須知，有些是同修，或自己的世靈、本靈所發送出的訊息是沒有能量級別的。

還有一個細節需要注意，靈子在二六時中必須時時自我要求，個人之意識須保持在客觀的角度上，不能抱持主觀意識，須以不強求、不貪求、無私無我的心態來解讀訊息，這樣才能把所接收的靈訊，解讀得更為客觀與準確。

學道修行或是靈修在接受上界的訓練、磨練、考核過程，還必須注意一個重點，靈子們的學道、修行、修煉過程中，會有許多真真假假、假假真真的諸多考驗。

例如：上界會指派大聖爺——孫悟空幻化成神聖仙佛，來考驗你的分析判斷是否正確，學術是否專攻呢？這零零種種的考核，也更是智慧考題，所以，千萬不要被自己考倒還不自知！

完全相信上界所給的訊息也不對，不相信也不對，因為虛中有實、實中有虛，所以才會有眾多靈子一直處在虛幻、幻想、幻化的境界中，幻境從何而來？從自心深處的潛意識幻化出來，你要說它是真也是真，說它是假也是假。

曾經有位朋友，她在十多年前莫名的自發性啟靈後，擁有特殊的靈異敏感體質，不曾接觸過正統的修行法門，也不喜歡讀書，更別說要深入佛學、道學、經典專研（其實她也算是空降部隊，屬於二十世紀無師自通的太極靈）。

她也擁有他心通「讀心術」，也可看到無形界，但就是太過於自信、自負，相信自己所接收到的訊息，所看到的影像、幻象無誤，從來都不曾懷疑，不曾去思辨，若是往更深層探究的話，即是起源於貪求、顯化、突顯自己、嚮往被吹捧的過程。

忙碌近十年的光陰，結果都是在種植別人家的福田，自家的田園卻雜草叢生，一直以來都在幫助他人做超渡祖先、亡魂、陰靈的工作，結果換來的是自家三姓祖先都尚未得渡、尚未拔薦，造成祖先長期干擾而嚴重的卡陰狀況不斷。

自身還被那幾年所超渡的亡魂纏身，甚至躲在體內氣海部位多達一百多條亡魂，這麼多的亡魂躲在她的體內這麼久，必須經過三個梯次才能順利送走，而且最後一次的科儀，還是經過 玄靈高上帝的授權指導，才能全部清源渡化。

不管從事有形事或者無形事，我們不要有那種神佛都是萬能的想法，要知道，神佛也有職別與分科，祂可是跟醫院的醫生一樣也是分門別科，切勿跨越職權、科別，去做不屬於自家神佛菩薩，與自身旨令以外的無形事務，要知道神佛菩薩並非是萬能的。

記住，做任何事千萬都別往身上攬，凡事都該「量力而為」的去做！但很奇怪偏偏我們所遇到的修行者，帶有天職、使命、有能力的人，卻大多不想從事神事之職，而沒有帶天職天命的這些靈子們，反而喜歡神職人員的工作，真是天下奇事一大堆啊！

(3) 那麼自己該如何修行與修練，以獲得正確辨識靈訊的能力呢？這種問題必須先以佛學、道學為基礎，多閱讀已證道仙佛的經典、道書、大善知識，並且定時的靜坐、禪坐，甚至是禪定。

有了正確無誤的仙佛經典、先賢智慧書籍引路，再來則是需要明師漸進式的引導、指點，及更深一層地進入深藏修行（清命骨），行功立德、積累功德先自渡，還清自己累生累世冤親債主的業債，若是沒有冤欠那當然是最好不過。

再來就是幫助靈體修煉出防護網（金剛護體），金剛護體又該如何修煉？

【妙心法語】

靜功煉靈氣，動功煉罡氣；

內觀煉真氣，築基煉三昧真火；

下丹田煉先天一炁，丹成轉化先天無為法，吸納宇宙能量打通三關九竅。

【妙心法語】

純陽一炁河車運轉，先天八卦乾坤定位；

天人合一金線接引，能量訊息法傳天意；

行功立德化解業障魔考，內功心法必須口傳心授；

才能達到印心禪法，當下印證天授使命。

如何判斷來提供訊息的是否為真神正駕？請記住，只要是讓你頭痛、起雞皮疙瘩、畏冷，並且會頭暈嘔吐的，可以百分之百肯定絕對不是神靈，但若主神是寒山老姆或是雪山娘娘，祂們的氣場能量則是清涼的「真陰之氣」，不但不會畏冷還會感覺到清涼舒爽、全身舒暢！

而讓你頭麻卻感覺很舒服的能量，身體會發熱那就是真正神靈，有些境界較高的神靈甚至會讓你感覺頭暈，但是那種感覺卻是很舒服的覺受！

甚至還會感受到有電流通過全身，這即是靈電能量，還有藉由靜坐吸取宇宙能量，對於靈訊的接收，也會增加其靈敏度與感應力。

四十三 修靈的三大重點

靈氣的凝聚

修行的人藉由靜坐、禪坐、禪修，禪定放空自己，藉以打開頭部的天靈蓋（百匯穴、頂輪或靈台、開竅）將散布在大氣周遭的靈氣吸入。

剛開始修煉者常常注意力無法集中，或心靜不下來，無法啟動打開百匯穴，或者有稍微打開靈台，但靈氣吸入太多，靈氣的凝聚速度太慢，造成整顆頭好像被灌氣的氣球一樣，腫脹難受，或靈氣在腦中亂竄無法凝聚，感覺腦內有輕微聲響，一般幾乎要花上一整天時間，才能將靈氣自然消化完畢。

靈氣的凝聚初期並不明顯，大概要努力三個月以上的時間（但是這因人而異，並且需要持之以恆方能達成），雙眼閉起，感覺在人的印堂裡頭會出現一顆米粒大、泛著乳白色或金黃色的靈珠子，經過長期的修練，這顆靈珠會慢慢變大。

靈珠變的越大，人的靈感度、感應能力、感應強度、接收靈度，能力也會隨之變強。這顆靈珠經過長年的修煉之後就會成為修行者的道行，在電視上的神話故事戲劇中，常常有妖精修練得道成仙或化為人形（例如白蛇傳的白蛇，青蛇）的故事，這顆靈珠就是神話故事中提到的內丹或元神。

靈珠的應用

印堂處產生了靈珠，有了靈珠不去使用它或訓練它，靈珠只會是一攤死水。藉由靜坐或閉關、禪修，讓頭腦清晰、心定心靜，連繫一般修行修煉者與宗師（神尊），乩身與主神之間，通靈濟世者與神明或主公（主母）之間的靈感感應，強化自身的靈敏度及靈感接收。

同時，也可藉由禪坐進一步提昇自己的靈通；訓練及勤問指導靈、神尊、無形師、仙師問題，了解一些事情及靈界奧祕，同時訓練自己的辦事能力及感應能力，活絡靈珠的靈感。

靈氣的消耗

一般修煉者有感應跟有緣者講述事情，或乩身或通靈者配合神明辦事、查事情、接收靈感及訊息等等，靈珠凝聚的靈氣會損耗。

所以，一般有心辦道、濟世、弘法、傳道、教化者，在辦完香客信眾之事後，於靜坐、禪坐、禪修時，神佛菩薩會藉機灌靈加持（只要你是秉持著正心正念在為上蒼修辦道者），神佛菩薩會幫助修煉者，或神職人員、乩身或通靈者補回靈氣（一般都會多給），讓修煉者，或乩身、通靈者在辦事時，靈感及靈氣的使用能量源源不絕，不致於因辦事而靈氣耗弱，幫助活絡靈珠的靈氣，以增加靈感與感應力的靈敏度！

四十四 佛性&魔性

在宮廟堂或修行團體中，為何總是會讓人感覺到爭議不斷，顛倒是非的話語一大堆？批評議論的聲音一直在流轉？這乃是人心的比較，只想著突顯自己的能力，無形中在否定他人的付出，眼睛看到的都是他人的缺點。

只在乎自己的付出，而忽略了他人的努力，更無法接受他人的光環，眼睛常長在嘴巴上，沒有用心觀看他人或同修的優點，要知道，挑惕他人缺點很容易，擁有包容的心量卻很難，因為你不曾換位思考將心比心。

這是各宮廟堂或修行團體常會遇到的現象，而且心量狹隘的人，其心胸更是狹窄，潛藏的自尊心作祟，常擔心他人會瞧不起自己，因而產生強烈的自大心態一直在膨脹自己，如此，該如何學道修行呢？該如何修真呢？

要知道，自身的心魔也會在暗中作祟，導致你時常以魔性的眼光在看每個人、對待他人，倘若你能夠以佛心來看世界，那麼娑婆世界中的所有眾生便都是佛——自性佛—未來佛！

所以，自我心魔作祟，常常會疑神疑鬼，或膽戰心驚，他人有所表現之時，潛在內心深處極度的不滿與不屑，擔心或許有一天會被取代，地位不保，所以，事先會預設立場，喜歡先打壓他人，再來標榜自己，為的就是爭寵。

所以，宮廟堂或者大團體內常會鬪爭，爭權奪利、鬥爭奪位、散播謠言，紛爭不斷……等等的現象，都是屬於常態，因為人心所向，私心作祟，自尊心過強，擔心他人往上爬。

要知道，無論你是在職場或是修行團體，都是需要抱持著謙卑的心來學習，不然你一天到晚都圍著他人的問題在繞，而自身的問題從來不曾用心修正，眼睛只會盯著他人看，卻從不曾努力審查自己，修正自己，那麼就算你再修個十年、二十年，脾氣、毛病仍在，習氣、煩惱依舊沒有改變，那麼不是白白的浪費時間在檢視他人的行為上嗎？

靈修也稱之為「修靈」，要知道，靈不會自己修行，必須依靠肉體來學修，再帶動靈體一起修正，所以簡稱為修靈。

而「修行」也就是修正「靈性」過去種種的劣根性，這包括累世的秉性，與今生的遺傳基因，習氣的調整、脾氣的改變、毛病的修正。

所以，修行不是口號，更不是習慣性地參班、參與法會、放生、救濟等等的善舉。要知道，這僅是初步學習慈悲喜捨的過程，千萬別把自己造就成「表象修行人」。這幾年見過靈修界的前輩、同修，讓人不覺感慨萬分。修行一二十年的前輩、道友或同修，他們喜歡學法不學道，常常安於現狀，不求精進，甚至還把自己神格化，進入幻道，自己騙自己，常常玩弄人心，玩弄神通或鬼通，以神通掌控他人，走到最後，自己卻進入魔界，進入阿修羅道而不自知。

如此作為，怎能成神、成聖、成仙、成佛呢？所以，學道修行該有的心態，才是最主要的關鍵所在，你今生是想修到「成魔」或成聖、成佛呢？這全在你每時每刻的一念之間啊！

正所謂「道高一尺，魔高一丈」，意思就是指，學道修行必須要懂得縮小自己，如此才能虛心受教，以及修正觀念與行為。而且你是否真正瞭解自己了呢？你的靈性正在內心深處哭泣吶喊著，不知你是否有聽到呢？

所以學道的行持首要任務，必須學習反觀自省，而不是唯我獨尊，不受管教，學修必須聽從老師、師父、元神、靈主、主神交代的任務，俯首稱臣、聽命行事、使命必達。

而學魔修行就是在膨脹自己，唯我獨尊、貶低別人，學魔就是阿修羅道的境界，分別心、嫉妒心、自大心、挑撥心、分化心、放縱心、瞋恨心、是非心、挑惕心、恐嚇心。試問現在的靈修者都是在學道還是在學魔呢？

喜歡隨順因緣、隨波逐流、三姑六婆的人，都是屬於沒有走入正命盤的修行人，要知道，唯有逆增上緣才能突破重重的難關考驗，如此，方能受到主神認證，授權執行天界之旨意與旨令。

假如身為神職人員，在行持使命的階段，因心術不正、誤導眾生、謠言惑眾、恐嚇眾生、誆財騙色、逆天而行、違反天規戒律，此時，主神、靈主就會在天界將天靈除名，並收走你的神通力，接下來就要承受所造作的因果業報了。

四十五 什麼是因果總清算？

二十一世紀是靈的世紀，也更是因果總清算的世紀，靈性的覺醒也就是因果總清算的開始，所以，該以怎樣的心態來面對累世的因果業障，這才是決定接受磨練時間長短之關鍵。

我們經過累世的輪迴轉世，所積欠的業債若是已經堆積成山，那麼該如何去做，才能真正地償還因果債務呢？但是若要還債也要還對債務人，而不是人云亦云的照表抄課。

冤親債主若是已經現前討報，那麼就有跡可循，若是尚未現前的話，就無需大費周章地去挖掘它，因為這樣是會牽動其它的因果業障現前，等於是你尚未儲備足夠的資糧，這時，如何去還清被牽動的其它業障靈呢？

所以，我們都建議諮詢問事者，針對影響身體、家庭、運勢、感情、財運的累世因果，請主神調閱資料查看，讓靈子清楚明瞭該如何因應與協調，以及教導如何化解與面對。

所以，身為學道靈修者，必須清楚自己的三世因果，從瞭解自己，認識自我開始，進而改造命運，還清業債，超越宿命，縱使你不信因果也無所謂，每個人的生命軌跡中已經都留下了痕跡，這是任誰都抹滅不掉的。

常言道：「凡走過必留下痕跡！」我們阿賴耶識中的「黑盒子／記憶體」，也就是我們常說的，八識田中所有的記憶種子，不管是好的還是壞的記憶，它可都是全都錄！為何會說舉頭三尺有神明呢？

其實就是你自己的阿賴耶識／黑盒子，在幫助你紀錄所有的功與過，所有壞的意念包括每時每刻的「起心動念」，與壞的胚子「害人之心」。以及好的善念、善行善舉，全部都會紀錄在你的阿賴耶識當中。

若是在世造惡多於行善，在今生的生命結束後，地魂被押赴至孽鏡台前，即刻自然地由鏡中顯示出自己在人世間所造做的一切壞事與惡行，以及死後赴地獄受苦的種種慘狀。

要知道，凡是在世間惡行較多者，行善較少之人，則會被引入殿右高臺，名為「孽鏡台」。地獄之審判，是不容你狡辯與耍賴的，因為罪證已確鑿，鐵證如山！

經由孽鏡台照過之後，冥王便依他在人世間所犯之罪證，分發至各獄受其刑苦。一切業障皆有報，各按照在人世間所造作的業力、因緣，分別去接受你的果報。

孽鏡台上有對對聯寫道：

魂登孽鏡現原形，減字偷文暗補經。

陰律無私實判斷，陽人作惡受嚴刑。

孽鏡台乃是天地靈氣所潔而成，凡人魂魄到此，即可照耀其本身面目，絲毫不能隱藏。實則並非孽鏡台之厲害，只因世人從小到老，一生罪孽重重。

而人亦為靈性之物，所做之事，自己心裡明白，也正是所謂的「心知肚明」，將自己的一生罪孽盡攝於心，心中有數，手足行動，一切作為都離不開心之指使，而才有行動。

冥王命令鬼卒押著罪魂到孽鏡台前，罪魂生前所造作諸惡行為皆會一一呈現真相，它可將人之一生的罪孽全數映出，就像錄影機的功能一樣，他越想隱瞞的、越不可告人的、最以為隱祕而無人知曉的罪行，竟一一歷歷在目，顯現在孽鏡中，到此地步，罪魂則無法再繼續狡辯，只得一一承認罪狀，亦如佛經所言「萬法由心生」！所講的也就是這個道理。

「孽鏡台」備註：

凡惡多善少者，使入殿右高台，名為孽鏡台，押赴多惡之魂，自見在世之人心的險惡，死赴地獄之險。那時方知萬兩黃金帶不來，一生惟有孽隨身，入台照過之後，批解第二殿，而用刑發獄受苦。

人體是四大假合所成，在地球這美麗的藍白星球上，我們還必須受到陰陽五行的限制，更受到冥界陰陽所監視與監判，千萬不要妄自非為，違反天規戒律，自斷靈性之慧命。

能夠來到人世間投胎轉世，須妥善運用有用之肉身，來學習、歷練、歷劫、淨化，乃至提昇、超越都有可能，甚至為上蒼略盡綿薄之力，代天宣化，體天行道，引迷入道，超越法界。

人有人格，靈有靈格，神有神格，要知道靈格該如何提昇？靈格的提昇必須是經過無形師的監督、審核，有形師、天命靈師的引導，過關、考試、歷劫、化劫，心性必須通過嚴格考核，再由主神、靈主的授權提昇。

但這當中蘊含著心性的轉變，脾氣、習氣的調整，學修必須虛心受教，謙卑反省，心態的調適，功德力的德光，再加上神佛菩薩的靈電加持，如此，方能正式地提昇靈子修士們的靈格！

而因果總清算的機制，在二十世紀（七十三年天地盤開始轉盤時，亦即我們常說的「靈山盤」），在那時就開始啟動運作，這是甚少人能夠參悟到這層細微的真理，而且更是所謂的天機，但在現今這世代交替之間，不再是天機，而是必須清楚言明這當中的玄機。

靈性的甦醒是為了自救與自渡，所以，切莫辜負上蒼大開方便之門，讓我們能夠在這世紀當中，盡心學習、學修歷練、靈性成長、過關化劫、靈體揚升，期許大家都能度過業力的反撲索討期，一起走向回歸源頭之路！

助印芳名錄

新北市：丁　淇。　新北市：陳玉燕。　新北市：王女滿。　新北市：林玉姍。　新北市：張文光。　新北市：謝武雄。　新北市：張晉豪。　新竹市：謝家媛。　新北市：陳志榮。　新北市：陳進發。　新北市：李煥易。　桃園市：張桂銀。　桃園市：王秀玉。　桃園市：古瑞珍。　桃園市：張筠箇。　桃園市：古彭大妹。　新竹市：戴春鈺。　新竹市：廖妙津。　新竹市：謝家媛。　新竹縣：黃薇如。　新竹縣：張信貞。　新竹縣：陳富蓉。　新竹縣：謝涎稜。　新竹縣：鄭民象。　新竹市：蕭鳳美。　新竹縣：卓倪安。　新竹縣：陳俊仲。　新竹縣：楊子倫。　新竹縣：卓致京。　新竹縣：林金緣。　新竹縣：卓佩君。　新竹縣：戴寶蓮。　新竹縣：王志延。　新竹縣：王御宸。　新竹縣：謝家媛。　苗栗縣：黃淑芳。　苗栗縣：傅如玄。　台中市：許淑如。　台中市：張詠絜。　台中市：陳美鳳。　台中市：吳玉枝。　台中市：李慶慧。　台中市：蔡篤育。　台中市：鍾意鎮。　台中市：吳品宸。　彰化縣：陳秀如。　彰化縣：周美香。　彰化縣：吳福聰。　彰化縣：賴美香。　雲林縣：陳毅聰。　雲林縣：官茹翌。　台南市：王維琳。　台南市：陳莉樺。　台南市：詹錦明。　台南市：吳瑞芬。　台南市：陳麗玉。　台南市：黃虹音。　台南市：張孟涵。　台南市：黃如茵。　台南市：陳筱涵。　台南市：李前英。　台南市：洪秋桂。　高雄市：曾石龍。　高雄市：江佳真。　高雄市：曾陳順。　高雄市：曾士誠。　高雄市：蔣譽菱。　高雄市：蔣謝春金。　高雄市：蔣新鴻。　高雄市：李　紅。　高雄市：陳人豪。　高雄市：蔣宛珍。　高雄市：曾財興。 高雄市：劉軒彤。 高雄市：侯志忠。 高雄市：陳春米。 高雄市：彭浩鴻。 高雄市：賴碧珠。 高雄市：劉軒彤。 高雄市：周惠玲。 高雄市：潘明綺。 高雄市：趙郭玉華。 高雄市：黃麗貞。 高雄市：簡有泰。 屏東市：曾玟萍。

鳳凰山脈 慈凰宮網址：https://www.facebook.com/鳳凰山脈-慈凰宮-731482080206935/timeline/

國家圖書館出版品預行編目資料

靈修的真實義／妙心師父，妙德老師著. --初版.--臺中市：白象文化，2018.3
面； 公分.——（信念；37）
ISBN 978-986-358-599-2（平裝）
1.靈修
192.1 106022851

信念（37）

靈修的真實義

作　　者　妙心師父、妙德老師
校　　對　徐錦淳、林金郎、妙心師父、妙德老師
專案主編　徐錦淳
出版編印　吳適意、徐錦淳、林榮威、林孟侃、陳逸儒、黃麗穎
設計創意　張禮南、何佳諠
經銷推廣　李莉吟、莊博亞、劉育姍、李如玉
經紀企劃　張輝潭、洪怡欣
營運管理　黃姿虹、林金郎、曾千熏
發 行 人　張輝潭
出版發行　白象文化事業有限公司
402台中市南區美村路二段392號
出版、購書專線：（04）2265-2939
傳真：（04）2265-1171
印　　刷　基盛印刷工場
初版一刷　2018年3月
定　　價　280元